중국, 도대체 왜 이러나

중국
도대체 왜 이러나

김 기 수 세종연구소 국제정치경제 연구실장

살림

차례

21세기 국제사회의 눈은 중국으로 쏠리고 있다. 원래 식상한 무대에 색다른 공연자가 등장하면 이목은 집중되는 법이다. 제2차 세계대전 이후 강대국들 간의 직접적인 충돌이 없는 이른바 평화의 시대가 현재까지 지속되고 있다. 냉전 시절에는 그래도 미국과 소련 간의 경쟁, 가끔 터지는 대규모의 국지전 등 긴장의 요소가 있었다. 하지만 소련이 사라지면서 주류 국가들조차도 과거의 힘찬 동력을 상실한 듯한 모습을 보이자 무대는 더욱 지루해졌다. 여기서 주역은 늘 일본을 포함한 서구 국가들이었고, 그나마 이색적인 배우가 있다면 기적의 경제성장을 보여준 한국 정도였을 것이다.

변화가 없는 상황이 너무 오래 지속되면 인간의 속성상 식상해지기 마련이다. 이때 돌연 국제무대에 등장한 것이 중국이다.

중국은 동양은 말할 것도 없고, 로마시대 이래 신비하고 강력한 제국으로 인식되며 서양인들에게도 호기심의 대상이었다. 그런 나라가 오랫동안 잊혀져 있었던 시대를 뒤로하고 화려하게 재등장하면서 방대한 영향력을 끼칠 것처럼 보이자 관객들이 관심을 쏟게 된 것이다.

연극 같아 보이는 위의 설명 뒤에는 만만치 않은 의미가 숨겨져 있다. 우선 중국이 너무 급작스레 부상했다는 점이다. 사람들이 별 생각 없이 중국을 그냥 바라보게 된 가장 큰 이유일 것이다. 역사적으로 그런 경우는 거의 없었다. 자본주의의 종주국인 영국과, 비슷한 영향권에서 활동한 프랑스와 미국 등의 성장은 오랜 세월을 두고 천천히 이루어졌다. 외형적으로는 독일이 예외일 수 있을 것이다. 1870년 통일된 지 불과 30년 만에 세계적인 강국으로 우뚝 섰기 때문이다. 하지만 그 이전에도 지식과 문화의 교류라는 맥락에서 독일은 이미 서구의 일원이었다. 도약을 위한 발판은 오랜 시간에 걸쳐 마련되었던 셈이다. 그러던 것이 통일이 되어 힘의 결집이 가능해지자 그동안 닦아놓은 견고한 기반을 딛고 단시간에 도약할 수 있었다고 보아야 할 것이다. 그 과정에 비스마르크(Otto von Bismarck)와 같은 천재 전략가가 있었음은 물론이다.

일본의 경우는 다소 특이하다. 19세기 중엽 이후 서구에 눈을 뜨기 시작했고, 19세기 말에는 서구의 일원이 되자는 거창한 슬로건 하에 서구 배우기에 골몰한 결과 20세기를 전후하여 세계적인 강국으로 발돋움할 수 있었다. 1900년대 초 세계최강 영국이 일본을 동맹의 파트너로 받아들인 사실은 당시 일본의 위상을 보여준다(1902년 영일동맹). 일본의 급성장이 다소 예외로 간주되는 이유는 서구를 벗어난 외딴 곳에서 서구와 비슷한 발전이 이루어졌기 때문이다. 일본의 경우, 독일과는 다르게 기초가 없는 상태에서 급속히 성장했던 것이다. 하지만 개혁개방 이후 거의 100년이 흐른 1970년 이후에야 세계적인 경제대국으로 부상하면서 서구의 일원으로 완전히 편입될 수 있었다.

그렇다면 역사적으로 거의 유례가 없는 중국의 급작스런 부상에 대해 별 생각 없이 이목을 집중시키는 현상은 국제정치적으로 어떤 의미를 지니고 있을까? 19세기 말 주류가 아니었던 신흥국가 독일과 일본의 등장에 국제사회의 기득권 국가들은 다소 당황했다. 마찬가지로 신흥세력들도 국제사회의 주류가 되는 방법을 잘 몰랐다. 하지만 결과는 대단히 참혹했다. 기득권 측과 신흥세력이 한판 붙는 세계대전이 두 차례나 일어났기 때문이다. 기득권 측의 승리로 문제가 마무리되면서, 독일과 일본은 서구의 온

순한 일원이 되었다.

　여기서 중국으로 눈을 돌려보면 과연 국제사회는 급작스레 팽창하는 중국을 맞이할 준비가 되어 있는가, 역으로 중국은 마찰 없이 국제사회의 주역이 될 수 있는가, 하는 질문을 던져볼 수 있다. 현재 중국과 관련한 거의 모든 분야에서 삐걱거리는 소리가 들리는 현실이 이 질문의 타당성을 보여준다. 위의 질문에 대한 답을 구하는 것이 이 책의 첫 번째 과제이다.

　같은 아시아 문화권인 일본의 급작스런 팽창이 가능했다는 사실을 통해, 중국의 빠른 도약 역시 역사적으로는 이상한 일이 아니지 않느냐 하는 질문도 가능하다. 물론 동일 선상의 비교는 쉽지 않다. 일본이 아무리 빨리 성장하였다고 해도 현대 과학문명이 만들어놓은 현대사회의 주류로 자리 잡는 데는 100년 이상이 걸렸다. 또한 19세기의 기술 수준은 현재보다 낮았고, 국가 간의 기술 이전도 오늘날보다는 쉽게 이루어졌다. 일본은 운 좋게도 적절한 시기에 서구의 발전을 답습한 셈이다. 사회 지도층의 확실한 자각에 의한 근대화였으므로 사회제도를 서구식으로 변형시키는 데도 큰 어려움은 없었다. 그렇다면 중국의 성장과 팽창에는 일본과는 달리 어떤 한계가 있는가 하는 질문을 던져 볼 수 있다. 이 질문에 대한 답을 구하는 것이 이 책의 또 다른 과제다.

중국에 대한 관심이 일종의 쏠림 양상을 보이고 있다는 것과 중국과 관련한 많은 문제에서 잡음이 커지고 있다는 사실은 우리를 포함한 기존의 국제사회 주류들이 중국에 대해 다소는 무지했다는 점을 반증한다. 20세기 말 소련이 멸망한 후 서구의 지식인들은 '역사의 종말'이라는 표현을 받아들인 적이 있다. 민주·자본주의로 세계가 통일되었으므로 변증법에 기초한 역사 진보는 끝났다는 의미였다. 따라서 선진국들이 자본주의를 받아들인 중국을 같은 시각으로 바라보는 것은 이상한 일이 아니었다. 하지만 최근 들어 중국의 다소 특이한 행동이 가시화되자, 생각이 바뀌면서 중국은 전혀 다른 종류의 국가가 아니냐 하는 의구심이 국제사회를 휘감고 있다. 뒤집어 보면 중국에 대해 정통했다면 중국에 대해 기대할 것과 그렇지 않은 것을 구분했을 것이고, 오늘날과 같은 파열음은 들리지 않았을 것이라는 해석이 가능하다. 중국이라는 나라 자체에 대한 포괄적 이해가 필요함을 알 수 있는데, 그것에 대한 답을 구하는 것도 이 책의 중요한 목적이다.

중국의 약진은 우리에게 직접적인 영향을 미친다. 중국은 우리와 연관이 있는 거의 모든 국제문제의 이해 당사국이다. 북한이라는 풀기 어려운 난제에 깊이 개입되어 있는 것은 물론, 한국의 제일 무역 파트너이며, 양국의 인적 교류 또한 엄청난 규모이다. 한국전쟁에 개입하여 우리의 통일을 저해했고 헤아릴 수 없이 많은 피해를 입혔음에도 1992년 한중 수교 이후 한국 국민은 중국을 친구로 대했다. 나중에 자세히 짚어보겠지만, 이유는 대단히 복잡한 것 같다. 중요한 것은 그런 한국의 태도가 북한을 포함한 동북아시아 정세에 영향을 미쳤다는 사실이다. 수교 이후 중국의 경제성장이 가시화되면서 공산체제가 자본주의로 변할 수 있는 가능성이 확인되는 듯했고, 따라서 중국의 북한에 대한 영향력을 고려하면 북한을 중국식 개혁개방으로 인도하는 데는 별 문제가 없어 보였다. 인식이 그렇다면 중국에 의존해 북한 문제를 풀어보겠다는 생각을 하는 것이 이상한 일은 아닐 것이다.

하지만 시간이 지나면서 기존의 사고에 대해 의문이 일기 시작했다. 특히 천안함 폭침과 연평도 포격을 경험하면서 과거의 인식은 극적으로 반전되었다. "중국은 과연 진심으로 북한을 변화시킬 의도가 있는가?"를 시작으로, "중국은 한반도의 통일을 바라지 않는가?" "한국과 북한에 대한 중국의 확실한 입장은 무엇인가?" 등 다양한 질문이 이어지며, 중국을 다시 보는 계기가 조성된 것이다. 여기에 한국의 맹방인 미국과의 관계에서 파열음이 계속되자, "중국과 미국은 우리에게 어떤 존재인가?" "외교적으로 미국과 중국의 이해가 엇갈리는 경우 한국은 어떤 선택을 해야 하는가?"

나아가 "가장 가까우면서 아직은 감정이 남아 있는 일본은 우리에게 어떤 의미를 지니고 있는가?" 등의 질문이 꼬리를 잇는다. 이러한 의문은 국제정세가 지금부터는 우리 국민에게 전략적 수준의 사고를 요구하고 있다는 사실을 의미한다.

한반도를 둘러싼 국제정치는 국제사회와 중국 간의 관계를 사실상 그대로 반영하고 있다. 우리는 중국에 대한 정확한 이해 없이 중국을 갑작스레 맞이했고, 중국의 눈부신 번영에 감동 받아 양국이 비슷한 생각을 한다고 가정했다. 다시 말해 우리의 잣대로 중국을 평가했던 것이다. 하기야 오랫동안 단절의 역사를 경험하며 현대 중국을 주시할 기회가 없었으니, 그런 생각이 정상적인 범주를 이탈한 것이라고 볼 수는 없을 것이다. 국제사회 전체의 시각도 비슷했으므로 이견이 개진될 기회가 적은 것은 당연한 일이었다. 하지만 최근의 정세를 통해 드러난 중국의 참모습은 특히 한반도와 관련하여 중국의 이해와 태도를 제대로 이해하는 것이 시급하다는 사실을 보여주고 있다. 바로 그 점이 이 책이 밝히고자 하는 가장 중요한 논제이다.

제1장
중국은 왜 북한을 비호하는가?

중국 콤플렉스의 기원

한국과 중국 간의 역사를 길게 설명할 필요는 없을 것이다. 누구나 아는 내용이기 때문이다. 중요한 것은 긴 교류를 통해 한국인에게는 독특한 대(對)중국관이 형성되었다는 사실이다. 고구려 멸망 이후 양국관계는 사실상 일방적인 것이었다. 고려 말기 원나라가 고려를 지배한 사실, 명나라에게 조선이 조공을 바친 역사, 그리고 청나라 초기의 조선 침략과 청 왕조 시절에도 계속됐던 조공관계 등은 한쪽으로 치우친 관계의 실상을 보여주고 있다. 불균형의 역사 때문에 중국은 고려와 조선을 마치 자신들의 속국인 것처럼 여겼다. 반대로 한민족은 중국의 위력을 실감하면서 중국에 대해 엄청난 공포와 콤플렉스를 갖게 되었다. 문제는 오래 고착된 인식이 현재까지 영향을 미친다는 사실이다. 이는 또한 국제정치적으로 고려와 조선이 중국의 영향권에 속해 있었다는 것을 의미한다. 당시 형성된 심리구조와 역학구도가 현재까지도 영향을 미치고 있기에 두 국가의 과거사를 짚어보는 것이다.

　하지만 한국은 용케도 생존했다. 신라는 죽을힘을 다해 당나라를 몰아냈고, 비록 완전한 통일은 아니었지만 한반도에 통일 민족국가가 가능하다는 사실을 처음으로 보여주었다. 당시 동아시아 최고 수준의 문화를 자랑하던 백제의 유산은 통일국가를 문화국으로 만드는 데 결정적인 역할을 했다. 여기서 문화가 중요한 이유는 우리의 사고를 지배하는 독특한 무엇인가가 생성되기 시작했다는 것을 의미하기 때문이다. 고구려는 멸망했지만 얼마 지나지 않아 고려로 환생했다. 중국과의 관계에서도 적당히 비위를 맞추면 왕조의 생명이 중국보다는 오히려 길어질 수 있다는 절묘한 원리도 발견하게 됐다. 바로 이 바탕 위에 형성된 것이 한국인의 자긍심이고 생존전략이다. 고려와 조선시대에 중국에서는 볼 수 없는 천재들이 등장하며 한국인의 정체성을 차곡차곡 쌓아간 것도 오늘날 한국사회가 번영할 수 있는 중요한 요인이 되었다. 아무튼 서로 상반되는 두 변수, 중국으로부터의 압박과 생존능력의 배양은 현재까지 한국인의 삶에 깊숙이 영향을 미치고 있다.

콤플렉스와 경외심,
그리고 두려움을 넘어서

고려시대에도 광종, 강감찬, 그리고 서희와 같은 걸출한 인물이 많이 있었지만, 특히 조선 시대의 천재들은 중국에서는 찾아볼 수 없는 기념비적인 업적을 남겼다. 세종대왕이 창제한 한글은 한민족 역사의 최고 발명품이다. 호사스럽고 안락한 생활의 유혹에 늘 노출되어 있는 왕이 도대체 무슨 동기로 국민들의 깨우침을 위해 자신의 건강을 해쳐가며 문자를 만들 생각을 했을까. 인류 역사를 통틀어 한 번밖에 없는 희귀하고도 희귀한 예일 수밖에 없다. 다음으로 얼마나 머리가 좋았으면 기술 수준이 높지 않았던 그 당시에 인류 역사상 가장 과학적인 음성문자를 창제할 수 있었을까. 더욱 중요한 것은 그것의 파급효과였다. 한민족의 정체성 확립을 위해 우리의 말을 다른 나라와는 확연히 구분되는 아름답고 우수한 글자로 표현하는 것만큼 확실한 방법은 없었기 때문이다.

일본의 침공으로 시작된 임진왜란 때는 또 다른 천재가 등장하면서 한민족을 구원으로 인도하게 된다. 이유야 어떠하든 수많은 해전에서 한 번도 패하지 않았다는 것은 신이 아니고서는 불가능한 일이다. 이순신 장군은 바로 이 예외적이고 예외적인 역사적 사례의 중심에 서 있다. 모든 것이 불리한 상황에서 이루어진 업적이기에 지금도 경이로운 눈으로 장군을 바라보게 된다. 장군의 위업이 미친 영향은 헤아릴 수 없지만 가장 중요한 것은 역시 나라가 위기에 처했을 때는 단결해야 하고, 목숨을 바쳐서라도 나라를 지켜야 한다는 사상을 뿌리내리게 한 점일 것이다. 1905년 러일전쟁 당시 러시아의 발트 함대를 대마도 해전에서 무찌르며 일본에게 승리를 선사한 토고 제독이 사용한 전술이 이순신 장군의 학익진(鶴翼陣)이었다는 것은 유명한 일화이다. 승리 후 부관은 토고 제독에게 다음과 같이 아부한다. "제독님의 업적은 이순신 장군에 필적합니다." 답변은 희대의 영웅다웠다. "영국의 넬슨 제독 정도면 모를까 나는 이순신 장군의 발끝에도 미치지 못한다." 일본 최고의 장수가 평가한 것이므로 장군에 대해 더 이상의 설명은 필요치 않을 것이다.

우리 민족의 역사에 대해 다소 장황하게 살펴본 이유는 바로 한민족이 지닌 생존력의 원천이 무엇이고, 독특한 자긍심과 자신감의 근원은 어디에 있는가를 알아보기 위해서이다. 하지만 위의 자긍심이 한민족이 지닌 이중성의 동인이라는 사실은 아이러니가 아닐 수 없다. 겉으로는 굽히지만 속으로는 업신여기는 이중적 사고가 자리 잡게 된 것이다. 중국과 중국인을 비하하는 수많은 속어들이 사용된다는 사실은 한국인의 대중국관을 단적으로 보여준다. 여기서 중요한 것은 서로 상충되는 두 요소가 균형을 잃을 때 문제가 발생한다는 사실이다. 자긍심에 기초하여 단호해야 할 때 그렇게 행동하지 못하는 경우가 이에 해당한다. 판단의 기준은 물론 우리가 지닌 능력, 중국의 실력, 그리고 이들을 감싸고 있는 주변의 정세일 것이다. 만약 중국을 대하는 태도에 엇박자가 있다면, 그것은 논리적으로 이 세 요소에 대한 판단착오 때문이라고 볼 수밖에 없다.

1988년 서울 올림픽에 중국이 참가하면서 제2차 세계대전 이후 처음으로 한국 국민과 중국 사람은 서로를 평화적으로 대면하는 기회를 갖게 되었다. 놀랍게도 한국인들은 중국에 대해서는 너무도 호의적인 태도를 보였다. 시합에서 중국 팀을 응원하는 것은 예사였고, 마치 오랫동안 못 만난 친구를 대하는 듯했다. 1992년 수교 이후 현재까지 이어지고 있는 친중 현상은 이미 그

때 뿌리를 내린 셈이다.

한국전쟁의 당사자인 중국에 대해 그토록 호감을 갖는 이유는 무엇일까? 이 점이 정확히 분석된 적은 없는 것 같다. 위의 논의에 기초하면, 과거 오랫동안 너무도 가까이 접촉하면서 미운 정고운 정 다 든 관계이기 때문이라고나 할까? 즉, 콤플렉스와 경외심, 그리고 한편으로는 비하하지만 두려워하는 감정이 복잡하게 얽힌 심리상태의 표출일 것이다. 한국전의 원흉을 반기다니 말도 안 되는 소리라고 주장할 수도 있다. 하지만 심리 현상의 극치에서는 역설적인 상황이 존재한다. 자기를 가장 괴롭힌 사람은 평생 미워할 것 같지만 어느 수준을 넘어서면 오히려 흠모하게 된다는 이른바 스톡홀름 신드롬(Stockholm syndrome)이 그것이다.

여기서 중요한 것은 감정과 객관적인 상황의 전개는 전혀 별개라는 사실이다. 우리가 중국을 어떻게 바라보든 그와는 상관없이 중국은 그들 나름의 특성을 지니고 있고, 자신들이 합리적이라고 계산한 이해를 따라 행동한다. 바로 이 감정과 현실이 충돌할 때 우리는 "중국이 왜 저러나?" 하는 충격을 받게 된다.

한국 국민이 중국에게 보여준 참한 태도가 중국인들의 착각을 불러일으켰다는 사실은 부인할 수 없을 것 같다. "그러면 그렇지. 중화제국에 대한 예를 한국인들은 잊지 않고 있구나." 식의 사고를 애초부터 심어주었던 것이다. 초기 중국의 사고가 오늘날에는 중국 사람이 한국을 대할 때 드러나는 "조공을 바쳤던 국가가 뭐 그리 말이 많은가." 식의 행태로 진화한 듯하다. 1978년 등소평이 집권하면서 개혁개방정책이 시행되었지만, 중국은 어떻게 해야 할지를 몰랐다. 방법은 하나밖에 없었는데, 박정희 대통령의 경제발전 전략을 그대로 따라하는 것뿐이었다. 중국정부는 지금도 박 대통령 경제발전 전략을 금과옥조로 여기며 실천하고 있다. 그렇게 보면 과거에는 어떠했든 적어도 현대화에 관한 한 한국은 분명 중국의 스승이다. 하지만 제자가 스승을 우습게 보는 오늘의 현실이 중국인의 중화사상 때문만은 아니라는 사실을 위의 설명은 보여주고 있다.

친중과 반미, 그리고 친북의 상관관계

문제를 더욱 심각하게 만든 것은 중국에 대한 편향이 반미와 친북으로 이어졌다는 사실이다. 중국이 북한의 후견인이라는 점은 이미 주지의 사실이다. 중국이 어느 정도의 영향력이 있는가에 대해서는 의견이 분분하지만, 중국이 극한의 선택을 하는 경우 북한의 명줄이 위태롭게 되는 것만은 분명하다. 그러한 북중 관계와 1988년부터 형성된 한국인의 친중 감정을 합해 보면 다음과 같은 해석이 가능해진다. 자본주의로 변신하여 번영의 고속도로를 달리고 있는 중국은 시간만 나면 한반도의 평화가 자신들의 가장 중요한 대외 목표라고 설파한다. 중국의 대북한 영향력을 고려하면 북한도 이 엄중한 중국의 대원칙을 어길 수 없을 것이므로, 북한은 과거의 호전국가에서 싫든 좋든 평화를 지향하는 국가로 변할 수밖에 없다는 가설이 만들어진다. 그렇다면 자고로 평화를 사랑하는 대한민국이므로 한국과 북한 그리고 중국의 이해는 하나가 되고, 따라서 한반도의 굳건한 평화는 가상이 아니라 현실이라는 착각이 우리를 휘감게 된다.

여기에 지상군을 한국에 주둔시키고 있는 미국을 대입하면 위의 가정은 또 다른 희한한 가설을 낳게 된다. 상기 세 국가의 이해가 평화라는 것이 확실하다면, 미국이 여기 있을 필요는 없지 않느냐는 교묘한 주장이 가능하기 때문이다. 북한은 항시 주한미군의 철수가 한반도 평화와 진전된 남북 관계의 필수 요건이라고 주장해 왔다. 중국 또한 "주한미군은 냉전의 산물이다."라는 간접적인 표현을 쓰며 미군의 철수를 종용해 왔다. 여기에 강력한 조미료가 더해지면 기상천외한 정치 논리가 등장하게 된다.

원인이 정확히 밝혀진 적은 없지만, 한국 내의 반미감정이 그것이다. 언제부턴가 한국에는 미국을 싫어하는 사람들이 뿌리를 내리기 시작했고, 반미를 정치권의 핵심 논제로 등장시킬 수 있는 수준으로 자신들의 세력을 확장했다. 효순·미선 사건이 대통령의 당락을 결정하는 최대의 이슈로 등장한 것을 보면 위세를 짐작할 수 있다. 따라서 한반도의 평화를 위해 필요가 없어 보이는 미군은 논리상 분단을 고착화시킨다는 누명을 쓰게 된다. 조그만 돌덩어리가 산사태의 원인이 되듯, 순수한 마음으로 시작된 중국 사랑이 엉뚱하게도 기존의 한반도 전략구도에 대한 변경을 요구하는 어마어마한 정치적 압력으로 변할 수 있다는 것이다.

하지만 중국과 북한의 속내는 전혀 다른 것이다. 그동안은 위장이 잘 되어, 다수의 한국 국민들을 그럴듯하게 파고들 수 있었지만, 북한의 체제적 모순과 중국의 국내외적 한계 및 정세 오판 등으로 베일은 서서히 벗겨지고 있다. 중국과 북한은 무언가 단단히 착각하고 있는 것 같다. 그들의 계략과 선전전술이 대단히 정교하므로 어느 국가도 이 위대한 전략에 넘어갈 수밖에 없다고 확신하고 있는 듯하다. 하지만 세상은 그렇게 간단하지 않다. 민주·자본주의 국가인 한국과 미국은 여론 정치와 자유로운 경제활동에 기초하고 있으므로 겉으로는 어수룩하게 보일 수도 있다.

하지만 그토록 허술하다면 미국은 어떻게 소련을 격파할 수 있었고, 지금 이 순간에도 세계 최강의 지위를 지킬 수 있을까? 한국은 어떻게 북한의 국력을 압도하며, 중국에 경제정책을 훈수하는 동아시아 최고 수준의 경제 강국이 되었을까? 역사가 가르쳐주는 분명한 사실이 하나 있다. 사회주의의 책략이 아무리 대단하다고 하더라도 장기적으로 민주·자본주의 사회를 이겨본 적은 한 번도 없다는 사실이다. 다음의 분석을 통해 중국의 속내와 전략적 한계를 가늠해 볼 수 있을 것이다.

한반도 평화유지의 핵심은 힘의 균형이다

국제정치를 이해하기 위해 많은 이론이 개발되었다. 하지만 이론이 모두 현실 분석에 원용되는 것은 아니다. 부분만을 설명하는 경우가 많고, 그 적실성 또한 사례마다 다르기 때문이다. 그런 와중에도 누구나 활용하는 유용한 분석수단이 하나 존재하는데, 세력균형(balance of power)의 원리가 바로 그것이다. 흥미롭게도 균형의 원리는 대단히 상식적인 판단에 기초해 있지만 자세히 살펴보면 심오한 측면이 있다. 그러므로 한반도에 이 분석 틀을 적용하여 우리의 이해를 증진시키는 데는 큰 문제가 없을 것 같다.

경쟁 혹은 적대 관계에 있는 두 국가를 가정하는 경우, 서로가 상대 진영의 힘에 맞대응할 수 있는 등가의 능력을 갖추게 되면 힘의 균형이 형성되어 충돌을 피할 수 있다는 것이 이 원리의 핵심 내용이다. 세력균형이 상식에 기초해 있다는 주장의 이유를 알 수 있는 대목이다.

한 국가의 능력으로 균형의 조건이 충족되지 않으면 외부로부터 힘을 빌려올 수밖에 없는데 대표적 예가 동맹이다. 하지만 상식적 수준의 관찰 뒤에 숨은 세력균형의 심오함은 이를 뒤집을 때 나타난다. 일반인들은 물론 전문가들조차도 간과하기 쉬운 부분이 바로 뒤에 숨겨진 원리인데, 힘의 균형이 일단 이루어진 후 균형을 뒷받침하는 중심 세력이 약화되는 경우에는 어떤 일이 발생하느냐는 것이 논의의 핵심이다. 당연히 힘의 공백(power vacuum)이 만들어질 것이다. 요컨대 어느 한쪽의 세력이 약해졌다는 것을 의미하므로 세력균형 때와는 달리 충돌 가능성은 더욱 높아질 수밖에 없다. 세력이 약화된 측이 빠른 시간 내에 새로 생긴 공백을 힘으로 메우지 못하면 그 진영은 충돌 시 패배할 가능성이 높아진다. 물론 상대 진영도 공백을 스스로 메우며 과거보다는 유리한 환경을 조성하려고 힘쓸 것이다. 따라서 원리상 힘의 공백은 불안정을 뜻하고, 나아가 공백을 메우는 과정에서도 충돌 가능성이 높아짐은 물론, 그 결과에 따라서는 나라의 존망이 결판날 수도 있다는 사실을 알 수 있다.

한반도에 같은 원리를 대입해 보면 흥미로운 그림을 얻을 수 있다. 일본이 한반도를 지배하고 있을 때는 한반도에 힘의 공백이 없었다. 하지만 일본의 패망에 이은 철수는 일본이 차지했던 만큼의 힘이 사라졌음을 의미하므로 힘의 공백은 피할 수 없게 된다. 아직 독립도 못한 한민족이었기에 공백은 다른 세력이 메울 수밖에 없었다. 승전국인 미국과 소련 간의 합의에 따라 38선을 기준으로 남쪽은 미군, 그리고 북쪽은 소련군이 진주하였으므로 공백은 미국과 소련이 메운 셈이다. 양국 군대의 주둔은 외형적으로는 일본군의 무장해제를 위한 것이었다. 따라서 임무가 완수되고, 한민족의 새로운 정부가 구성되면 점령군의 역할은 외형상 끝나게 된다. 바로 이 과정에서 1948년 8월과 9월, 남쪽에는 민주·자본주의 정부가, 북쪽에는 공산주의 정권이 각각 들어서면서 한반도가 분단된 사실은 익히 알려진 바와 같다. 여기서부터 상황은 다소 복잡하게 전개되는데, 같은 해 12월 소련군이 북한으로부터 철수했기 때문이다. 미국도 주둔의 명분이 사라졌으므로 1949년 6월까지 철군을 끝내게 된다. 대신 한국에 대해서는 경제원조가 제공되었다.

　문제가 복잡해졌다고 보는 이유는 세력균형의 원리상 다음과 같은 전략적 해석이 가능하기 때문이다. 미군과 소련군이 동시에 철수했으므로 힘의 공백은 남쪽과 북쪽 모두에 존재하게 되지만, 동시에 새로운 정부가 들어섰으므로 남과 북 모두에서 생성된 힘의 공백은 남북의 새 정부가 작으나마 메우게 되는 셈이다. 여기서 두 정부의 힘이 비슷하다고 가정하면 공백은 존재하지만 힘의 균형은 이루어졌다고 간주할 수 있다. 아무튼 균형은 분명히 존재하므로 논리상 충돌은 피할 수 있다. 문제는 그러한 해석이 외형상의 모습만을 묘사하고 있다는 데 있다. 여기에 군사전략과 지정학이 더해지면 전혀 다른 그림이 모습을 드러낸다. 우선 북한은 소련 및 중국과 국경을 맞대고 있다. 다시 말해 소련군과 중국군은 별로 힘 들이지 않고도 북쪽으로 다시 들어올 수 있다. 반대로 미군의 경우 태평양이라는 세계에서 가장 큰 대양을 건너갔으므로, 군대가 한반도에 다시 투입되려면 많은 시간과 비용이 필요하다. 바로 이것이 현재까지 한국이 떠안고 있는 지정학 및 군사전략상의 취약점이다.

　따라서 외형적인 모습과는 달리 잠재적 힘의 투사에 있어서는 북쪽이 월등히 유리한 위치에 있었음을 알 수 있다. 겉으로 드러난 것과는 달리 균형은 존재하지 않았고, 오히려 남쪽에 가시적인 힘의 공백이 생성됐던 것이다. 만약 미국의 재개입이 없다고 가정하면, 한국 정부의 능력으로 간극을 메울 수는 없으므로 공백은 당연히 외부세력의 표적이 될 수밖에 없다. 바로 이 점을 간파한 인물이 김일성과 모택동이었고, 남침 계획을 승인한 것은 소련이었다. 결과는 비극적인 한국전쟁이었는데, 그러므로 전쟁은 남쪽에서 눈에 보이지 않게 형성된 공백을 메우려는 경쟁으로 보아도 무방할 것이다. 미국의 참전은 역으로 남쪽의 공백을 북쪽 진영이 메우는 것을 허락할 수 없다는 메시지였다. 하지만 미국의 힘이 워낙 강하다 보니 공백을 메우는 것을 넘어 힘의 균형은 한국과 미국에 유리해지기 시작했고, 그 결과가 연합군의 압록강 진군이었다. 힘의 불균형을 바로잡겠다고 이번에는 중국이 개입하게 되는데, 그 후 38선을 기준으로 양측의 지루한 공방이 지속되었으므로 외형적으로 군사력의 균형은 다시 복원된 셈이다. 결과는 당연히 휴전일 수밖에 없었다.

전후 한미상호방위조약이 맺어졌고, 이어 미군이 한국에 주둔하게 된 것은 위에서 설명한 잠재적 힘의 투사에서 지정학적으로 열세에 있는 남쪽의 상황을 방치하지 않겠다는 한국과 미국의 의지라고 볼 수 있다. 한반도에서 힘의 공백은 더 이상 존재하지 않았으므로 균형은 회복된 셈이었다. 이것이 현재까지 전면전이 없는 가운데 한반도가 평화를 유지할 수 있는 핵심 메커니즘임을 알 수 있다.

지금까지 한반도의 분단과 한국전쟁을 자세히 살펴본 이유는 세력균형의 원리가 한반도와 무슨 관련이 있느냐는 질문에 대한 대답을 확실히 하기 위해서다. 흥미롭게도 그 복잡하다는 북한의 핵문제도 이론상으로는 대단히 간단한 원리에 기초하고 있는데, 다음의 설명을 통해 그 이유를 알 수 있다.

탈냉전이 가져온 힘의 공백

1990년을 전후하여 한반도에 또다시 힘의 공백이 생성됐다고 하면 고개를 갸우뚱할 것이다. 하지만 가시적인 공백이 만들어진 것은 사실이고, 그 공백을 메우기 위한 경쟁은 놀랍게도 지금도 계속되고 있다. 충격은 소련의 멸망으로부터 전해졌다. 소련이 사라지기 전 북한은 군사적으로는 물론 경제적으로도 소련에 상당히 의존했다. 소련이 하루아침에 붕괴되자 북한 대외 경제관계의 상당 부분이 연기처럼 사라졌기에 문제가 심각해진 것이

다. 북한이 필요로 하는 원유와 고급 군사장비 등 다양한 전략물
자의 많은 부분을 소련에 의존했으므로 경제적으로나 전략적으
로 북한의 피해는 클 수밖에 없었다. 그동안 한반도의 균형은 한
국의 국력, 주한 미군, 미국의 안보공약, 그리고 한미 경제관계 등
이 모두 더해진 값인 남쪽의 총체적 능력과, 북한의 국력, 소련과
중국의 대북 방위조약, 그리고 북한과 중·소의 경제협력 등을 모
두 합한 값인 북쪽의 힘이 비슷하다는 현실에 기초해 있었다. 따
라서 소련이 소멸했다는 것은 북쪽의 힘을 뒷받침하던 핵심 기둥
이 붕괴한 것을 의미하므로 북쪽에는 커다란 힘의 공백이 생성됐
다고 볼 수 있다.

한국전쟁 직전, 남쪽에 힘의 공백이 생긴 것과는 정반대
의 현상이 나타난 것이다. 다음의 경제통계는 실상을 잘 보여준
다. 소련 붕괴 직전인 1990년 북한과 소련의 총 무역액은 25억
6,300만 달러였다. 북한 전체 대외무역의 56%에 해당하는 절
대적인 규모였는데, 반면 같은 해 중국과의 교역액은 4억 8,000
만 달러에 불과했다. 소련에 대한 의존이 얼마나 심했는지 알 수
있다. 하지만 소련 와해 직후인 1991년에는 상기의 금액이 3억
4,700만 달러를 기록하며 수직으로 낙하하는 모습을 보인다. 다
음 해에는 더욱 축소되어 2억 9,000만 달러를 기록할 뿐이므로

양국 간의 경제관계는 사실상 단절된 것이나 다름없었다. 따라서 소련의 붕괴로 인해 북한 대외 경제관계의 60% 정도가 하루아침에 연기처럼 사라졌다는 사실을 알 수 있다. 북한경제가 받은 충격의 정도는 더 이상의 설명이 필요 없을 것이다. 한국전쟁 전 남쪽의 공백을 산생 한국이 메울 능력이 없었던 당시 현실이 한국의 멸망 가능성으로 나타났듯이, 북한도 위의 공백을 메우지 못하면 오래전 한국의 운명과 비슷한 처지에 놓이게 된다는 추론이 가능하다.

북한은 구체적으로 다음의 조치를 취할 수 있어야만 힘의 공백을 메울 수 있다. 과거 소련이 지원해 준 만큼의 군사장비를 다른 소스를 통해 얻어야만 하고, 아울러 소련이 제공한 원유와 같은 다양한 전략물자도 그만큼 보충해야만 한다. 돈이 있어야 가능한 일인데, 소련의 붕괴가 북한의 대외 경제관계에 치명타를 가하면서 북한경제 자체가 위기에 처하게 되었다는 것이 문제였다. 공산주의의 모순 때문에 당시 북한경제는 이미 침체의 늪에 빠져 있었다. 여기에 갑자기 외부로부터 강한 충격이 가해지자 혼수상태에 이르렀던 것이다. 그러한 상황이 오늘날까지 지속되면서 경제위기는 만성질환으로 변질되었다. 이 순간에도 경제적 침체가 북한사회를 짓누르고 있는 것을 보면 당시의 충격이 어느 정도였는지 충분히 짐작할 수 있다. 북한은 대내외적으로 강한 펀치를 연속해서 두 번이나 맞은 셈이다.

북한 자신의 능력으로 공백의 상쇄가 불가능하다면 다른 방법을 취할 수밖에 없다. 중국식 개혁개방을 시행하여 자본주의 원리를 상당히 받아들이면서 국제사회를 상대로 본격적으로 돈을 버는 것이다. 잘되면 북한의 경제력은 향상될 것이고, 그것을 통해 재래식 무기를 구매할 수도 있을 것이다. 국부의 증가와 재래식 군사력의 확장으로, 이미 만들어진 공백을 어느 정도는 메울 수 있다. 하지만 몇 가지 문제 때문에 북한은 고민스러울 수밖에 없다. 개혁개방을 하면 북한 대외 경제관계의 명줄을 사실상 자본주의 강국인 한국, 미국, 그리고 일본이 쥘 가능성이 높기 때문이다. 더욱 곤혹스런 의문은 북한의 수령 유일 독재 공산주의 체제가 유지될 수 있느냐는 것이다. 나중에 자세히 검토하겠지만, 논리상 수령 유일의 독재가 지속될 수는 없는 일이다. 개혁개방 자체가 권력 분산을 내포하고 있다는 사실이 문제를 심각하게 만들 수 있기에 그러하다. 여기서 변화의 핵심 요소는 개인 소유권의 보장과 시장의 확장, 그리고 주민들의 새로운 자각이다. 북한으로서는 도저히 받아들일 수 없는 방안인 셈이다. 김정일이 지니고 있는 권력이 자의에 의해 상당 부분 배분되는 상황을 상상할 수 있을까?

대외 변수를 이용해 어려움을 타개하는 방법도 있다. 중국 변수를 활용하는 것인데, 여기서 소련이 남긴 큰 공백을 북한의 맹방인 중국이 메워주면 되지 않느냐는 질문이 가능하다. 그런데 이 점이 국내에서 심도 있게 다뤄진 적은 없는 것 같다. 1990년대 초의 상황을 고려하면 중국의 국력으로 북한경제를 소련 붕괴 이전의 상황으로 되돌리는 데는 큰 문제가 없었다. 1979년부터 개혁개방을 지향한 중국경제가 자리를 잡기 시작하면서 그때부터 외국자본은 물밀듯이 중국에 쏟아져 들어왔다. 요컨대 1990년대 초는 현재까지 지속되고 있는 초고속 성장의 출발 시점이었으므로 욱일승천하는 경제력에 비추어, 중국이 마음만 먹으면 북한과 같이 낙후되고 작은 규모의 경제를 어느 정도 일으키는 데는 별 어려움이 없는 상황이었다.

북한을 감싸는 중국의 속내

문제는 중국이 그럴 의사가 없다는 사실이다. 당시 북중 관계를 보면 중국의 인색함이 여실히 드러나고 있는데, 모든 무역거래에 대해 경화(hard currency) 결제를 요구하며 자본주의식의 정상적인 거래를 강조했기 때문이다. 경제적으로 나락으로 떨어진 북한의 능력으로 경화 결제는 불가능한 일이었으므로, 양국 간의 무역은 북한의 자원을 물물교환 방식으로 호환하며 작은 규모로 유지될 수밖에 없었다. 단, 북한경제의 명줄인 원유와 식량에 대해서는 원조 형식의 일방적 공여가 어느 정도는 이루어지는데, 현재 북한이 필요한 원유의 3분의 2, 그리고 식량의 3분의 1이 지원되고 있는 것으로 알려지고 있다. 중국은 북한이 강해지는 것을 원치 않지만, 그렇다고 북한이 망하는 것도 안 된다는 계산에 기초하여 북한을 다루고 있다는 사실을 알 수 있다. 나아가 1992년 중국은 북한의 의사를 무시하고 한국과 국교를 정상화했다. 중국이 한 걸음 더 디딘 셈이므로 중국의 속내는 다시 한 번 드러날 수밖에 없었다. 한국으로부터는 경제적 실리를, 북한으로부터는 전략적 이득을 취하겠다는 것이 분명해지는 순간이다. 한마디로 양다리를 걸치되 그 분야와 차원은 달리하겠다는 것이다.

중국의 이중 전략이 한국 국민의 중국에 대한 인식에 혼란을 불러일으키는 단초를 제공한 것만은 분명한 것 같다. 왜냐하면 여기서 차원이 다른 이득이란 뿌리가 다른 두 이득이 논리상 교환될 수 없다는 것을 뜻하기 때문이다. 문제는 이 객관적인 논리와는 다르게 한국 국민들의 경우 교환이 가능할 것이라고 착각했다는 사실이다. 교환 불가의 원리는 한국과 중국이 경제적으로 대단히 가까워져 엄청난 이해를 공유하더라도 그것은 경제적 차원에 한정된다는 것을 의미한다. 뒤집어 보면 한중 간의 이득 창출 메커니즘이 중국이 북한으로부터 얻고 있는 또 다른 차원의 전략적 이득을 침해하지는 않는다는 것을 뜻한다. 오늘날 만행으로 일관하는 북한을 같은 민족으로 간주할 수 있느냐는 의문이 들기는 하지만, 만행은 북쪽 위정자들의 행태일 뿐이고 북쪽 주민들이 우리와 피를 나눈 형제인 것만은 분명하다. 그렇게 보면 서로 다른 차원의 이득을 마음껏 취하겠다는 중국의 대(對)한반도 정책은 한민족 모두를 손바닥 위에 올려놓고 마음대로 흔들겠다는 것 이외에는 아무것도 아니라는 사실을 확인할 수 있다. 중국의 그러한 정책이 다른 주변국들을 대하는 데서도 비슷하게 나타나느냐의 문제는 다음 절에서 짚어보기로 한다.

북한이 핵을 포기할 수 없는 이유

상황이 그러한 가운데 북한은 핵무기 개발이라는 극단의 선택을 하게 된다. 여기서부터 한반도의 정세는 과거와는 다른 차원에서 더욱 복잡하게 꼬이며 해법을 찾기가 쉽지 않은 상황으로 몰리게 된다. 북한이 핵을 개발하겠다는 의지를 가지기 시작한 것은 오래전부터다. 소련으로부터 줄기차게 핵 관련 기술을 입수했고, 인력도 꾸준히 키웠다. 물론 명목은 핵의 평화적인 이용이었다. 한국도 핵발전소를 건설하며 핵 기술 습득에 노력하고 있었다. 그런 와중에 서부전선에 배치되었던 미 제7사단이 철수하자 박정희 대통령은 핵무기 개발을 비밀리에 추진하게 된다. 흥미롭게도 한국과 북한의 핵무기 개발은 두 초강대국에 의해 억제되었다. 1975년 한국의 핵확산금지조약(NPT, Nuclear nonproliferation treaty) 가입은 미국의 종용에 의한 것이었고, 1985년 북한의 가입도 소련이 주도했다는 사실은 외부 억제력의 실체를 보여주고 있다. 따라서 소련의 붕괴는 북한의 핵무기 개발을 통제했던 핵심 외부 변수가 사라졌다는 것을 의미한다. 소련이 멸망한 지 얼마 지나지 않은 1994년 북한이 핵확산금지조약 탈퇴를 공식화한 것을 보면 과거 북한에 대한 소련의 영향력을 짐작하게 한다.

북한이 핵을 갖게 되면 과연 소련이 남겨놓은 힘의 공백을 메울 수 있을까? 우선 앞서 설명한 바와 같이 경제적 어려움 때문에 한국의 F-15K 전투기, 혹은 이지스 함정 등에 필적하는 값

비싼 재래식 무기를 북한이 구매할 수는 없다. 또한 한국군 및 한미 연합군과 대등한 위치에 서기 위해서 얼마나 많은 돈을 무기 구매에 쏟아부어야 할지도 가늠이 안 되는 정도이다. 하지만 핵무기는 이와는 비교할 수 없는 저렴한 가격에 개발할 수 있고, 그 파괴력 또한 재래식 무기와는 아예 차원이 다르다. 지금의 핵무기에 비해 위력이 약했던 미국의 초기 핵폭탄 단 두 방을 얻어맞고 무시무시한 제국 일본이 무릎을 꿇은 것을 보면 핵무기의 위력은 충분히 짐작할 수 있다.

북한이 핵보유국이 되면 일단 자신의 방어에는 문제가 없어진다. 어느 국가도 핵 보복을 감수하며 북한을 침공할 가능성은 없기 때문이다. 그렇게 보면 핵무기를 통해 북쪽 지역에 존재하는 힘의 공백은 어느 정도 메워진다는 사실을 알 수 있다. 문제는 핵무기의 용도가 북한의 방어에 한정되지 않는다는 사실이다. 즉, 한국은 물론 일본까지도 언제고 핵 공격의 대상이 될 수 있는 셈이다. 두 국가는 핵무장의 유혹에 지속적으로 노출될 수밖에 없는데, 바로 이 점이 미국의 이해를 자극하는 요인이다. 다소 복잡한 설명이 필요하지만, 한국과 일본의 핵무장은 특히 군사적 측면에서 두 국가가 미국의 영향권에서 어느 정도 벗어나는 것을 의미하므로 미국의 신경이 곤두서는 것이다.

핵무기는 물론 미사일과 같은 관련 기술들이 이란을 비롯한 미국의 적대국에 이전되는 경우에도 미국의 이해는 심각하게 침해될 수밖에 없다. 바로 이 모든 것이 미국이 적극적으로 북한의 핵을 없애려는 이유이다. 애초 공백의 원리에 대한 설명에서 드러난 바와 같이 북한이 힘의 공백을 메우는 과정 자체가 엄청난 투쟁적 요소를 내포하고 있는 셈이다. 여기서 중요한 것은 위의 설명을 통해 북한이 핵을 포기하는 것은 불가능하다는 점을 뒷받침하는 논리적 증거가 나왔다는 사실이다. 북한의 생존을 위해 필수적인 공백 메우기를 핵무기를 통해 일부 완수했으므로 핵무기는 곧 북한의 생존이라는 등식이 성립되기 때문이다. 뒤집어 보면 핵무기의 포기와 생존의 중단은 동격임을 알 수 있다. 하지만 세상에 공짜는 없는 법이다. 세계 최강국인 미국, 그리고 아시아의 경제강국 한국과 일본의 이해를 건드렸으므로 북한은 대가를 치러야만 했다. 북한에 대한 경제제재가 바로 그것인데, 여기에 북한을 경제적으로 살릴 의도가 없는 중국의 이해가 합쳐지면 북한은 경제적으로 빈사 상태에 빠질 수밖에 없다. 따라서 북쪽 지역의 공백을 북한은 핵무기를 통해 군사적으로 생존이 가능할 정도의 수준에서 메우고 있다는 사실을 알 수 있다. 따라서 공백의 일부는 현재까지 남아 있는 셈이다.

남북 화해협력을 통해 북한의 핵을 없앨 수는 없다

북한 핵을 없애기 위한 민주국가들의 노력이 지속되고 있고, 같은 연장선에서 대북 경제제재가 가해지고 있으므로 앞서 설명한 대로 북쪽의 공백을 메우기 위한 경쟁은 현재까지도 계속되고 있다고 보아야 할 것이다. 뒤집어 보면 이것은 그 공백을 현재까지는 어느 누구도 완전히 메우지 못했다는 것을 의미한다. 그러므로 공백의 원리가 가르쳐준 대로 한반도 정세는 계속 불안정할 수밖에 없다. 당연한 결과로 공백을 메우는 과정에서 생성되는 파열음 또한 피할 수 없는데, 천안함 폭침과 연평도 포격도 같은 맥락에서 발생했다고 보면 큰 무리는 없을 것이다. 북한의 경제력으로 보아 남은 공백을 북한이 메울 가능성은 거의 없으므로, 다음의 설명이 보여주듯 균형은 북한의 붕괴 혹은 체제 전환에 의하지 않고는 회복될 수 없다는 사실을 알 수 있다. 이 경우가 통일 혹은 같은 체제 간의 진정한 의미의 교류를 뜻한다면 공백은 주로 한국과 미국이 메우게 되는 셈이다. 중국을 통해 문제를 해결할 수 있지 않느냐는 주장이 가능하나, 북한의 개혁을 위해 중국이 북한의 전략물자 지원을 가시적으로 줄이거나 끊는다는 것은 곧 북한의 명줄을 눌러 북한이 붕괴하거나 가시적으로 변하는 것을 의미하므로 결과는 매한가지이다. 중국이 바로 그러한 행동을 기피하기에 국제사회의 비난을 받는 것이다.

힘의 공백을 계속해서 메우지 못했다면 60여 년 전 신생 한국 정부가 그랬던 것처럼, 원리상 북한도 생존하지 못했을 것이다. 여기서 다시 한 번 핵무기는 곧 북한의 생존이라는 등식이 성립되는데, 같은 맥락에서 생존의 종식을 의미하는 북한의 붕괴 이전에는 무력에 의존하지 않는 한 북한의 핵무기를 없애는 것이 현실적으로 어렵다는 사실을 추론할 수 있다. 따라서 대북 화해 협력을 통해 북한 핵을 없앨 수 있다는 주장은 논리적으로 모순인 셈이다. 하지만 이 같은 주장이 10여 년 전부터 현재까지 반복되고 있고 무시 못할 수준의 추종자들을 확보하고 있음은 물론, 놀랍게도 현 정부조차도 연평도 포격 이전까지 그랜드 바게닝(grand bargaining)이라 하여 비슷한 생각을 공유하고 있었다는 사실은 충격일 수밖에 없다. 남북교류는 물론 좋은 일이다. 하지만 교류를 통해 북한 핵을 없앨 수 있다고 선전하는 것은 정치적 기만 외에는 아무것도 아니라는 사실을 위의 설명은 분명히 보여주고 있다. 중국에 대해 헷갈린 만큼 북한의 핵무기에 대해서도 많은 국민과 전문가들이 오랫동안 헷갈림에서 벗어나지 못했음을 확인할 수 있다.

중국의 대(對)아시아 전략

쓰라린 역사가 낳은 콤플렉스와 수치심

중국의 대한반도 전략을 이해하기 위해서는 중국이 주변 아시아 국가들을 어떻게 대하느냐에 대해서도 알아볼 필요가 있다. 한반도 역시 아시아에 속해 있고 중국과 인접한 지역이기에, 중국의 대아시아 전략과 한반도 정책에는 어떤 형태로든 유사성이 있다고 가정할 수 있다. 비슷한 점이 있다면 그것은 중국의 대외정책에 일정한 패턴이 있다는 것을 의미한다. 따라서 유사점을 한반도에 대입해 보면 "중국이 도대체 왜 이러는가?" 하는 우리의 의문에 대해 보다 체계적인 답을 구할 수 있을 것이다.

아래의 설명을 통해 분명히 밝혀지겠지만, 결론부터 이야기하면 지나칠 정도로 많은 유사점을 발견할 수 있다. 우선 한 국가의 대외정책은 그냥 형성되는 것이 아니라는 사실을 기억할 필요가 있다. 대단히 복잡한 논제일 수밖에 없지만 간단히 요약하면,

오랜 세월을 두고 축적한 국가의 경험, 그리고 그것을 통해 형성된 대외관 등이 복합적으로 작용하는 사고의 틀에 특정 시점 자신들이 가지고 있는 국력과 자신들이 처한 지정학적 위상, 그리고 자신들만의 이해 등이 투영되면서 대외정책이 입안, 시행된다고 보면 큰 무리는 없을 것이다. 현재의 중국을 이해하기 위해서 과거의 중국을 살펴봐야 하는 이유를 알 수 있는 대목이다.

19세기 중반이 되자 유럽의 강력한 제국들은 드디어 중국을 건드리기 시작했다. 1840년 영국과 중국 간에 벌어진 아편전쟁은 그 자체로 당시 중국의 상황을 사실상 모두 설명해 주고 있다. 오랫동안 뚜렷한 적수 없이 편하게 지낸 역사의 결과물인 이른바 중화사상에 심취되어, 외국의 통상 요구를 중화제국에 대한 오랑캐들의 주제 넘는 접근으로 간주하며 일언지하에 거절한 것이 전쟁의 원인이었다. 영국이 중국을 얼마나 우습게 봤으면 아편이라는 희한한 마약을 팔아먹겠다고 전쟁을 일으켰겠는가. 규모가 그리 크지 않은 영국군이었음에도 중국은 힘 한번 써보지 못하고 완패했다. 홍콩을 할양하고 같은 연장선상에서 남경조약이 맺어지면서 중국은 자력이 아닌 외세의 힘에 의해 강제로 개방되었다. 그 후 중국은 더욱 짓밟히면서 영국은 물론, 프랑스, 독일, 러시아, 마지막에는 일본까지 뛰어든 가운데 사실상 반식민지로 전락하게 된다.

　여기서 '반식민지'는 조선이나 인도와는 달리 특정 강대국의 절대적인 지배를 받는 완전한 식민지 상태는 아니라는 뜻이다. 중국이 완전 식민지의 나락으로 추락하지 않은 이유는 간단하다. 너무 많은 강국들이 한꺼번에 달려들면서 그들 사이에 견제와 균형이 형성되었기 때문이다. 그래도 강대국들에게 많은 땅을 떼어주어 중국의 국권이 미치지 않는 지역이 많았고, 청나라 조정 또한 사실상 유명무실했으므로 '식민지'라는 용어 또한 어울리지 않는 것은 아니다. 아무튼 1949년 중화인민공화국이 설립될 때까지 한 세기 동안 중국의 모습은 아수라장 그 자체였다. 중국인들은 지금도 이 시기를 국치 100년이라 부르고 있다. 여기서 중요한 것은 쓰라린 역사적 경험 때문에 중국인들에게는 역사상 처음으로 서양에 대해서는 콤플렉스가, 과거 거들떠보지도 않았던 주변국에 대해서는 수치심이 뿌리내렸다는 사실이다. 현대의 중국이 과거와 얼마나 다른지를 알 수 있는 대목이다. 중요한 것은 그러한 심리 상태가 현재까지 이어지고 있다는 사실이다.

　그중 콤플렉스가 특히 중요하다. 정상적이고 객관적이지 않은 판단과 행동을 유발하는 동인이 될 가능성이 높기 때문이다. 일반적으로 그럴 필요가 없는 상황에서는 비굴할 정도로 위축되고, 반대로 그러면 안 되는 상황에서는 오히려 과잉 반응, 시쳇말로 '오버'하는 경향을 보이는 것이 대표적인 예다. 바로 그런 것을 극복하는 사람들이 위대한 민족인데, 독일이 아마 대표적일 것이다. 통일 전 독일은 무려 300개 공국으로 쪼개져 있었다. 힘을 모을 수 없으니 근대 중국과 비슷하게 강대국들의 각축장이 된 것은 물론이다. 경제적으로도 당시 영국과 프랑스에 비해서는 많이 뒤처져 있었다. 그러니 콤플렉스는 독일민족에게 뿌리 깊게 자리 잡았을 것이다. 이것이 일부 영국인과 프랑스 사람들이 두 차례의 세계대전을 독일인의 뿌리 깊은 콤플렉스가 오버한 결과라고 보는 이유이다. 하지만 전후 독일은 미국 다음의 강국으로 다시 우뚝 섰다. 지금은 유럽의 맹주로 통합유럽의 사실상 수장이다. 지금도 독일인들에게 콤플렉스가 있을까? 그렇지는 않을 것이다. 세계 최고이므로 그럴 필요가 없을 것이고, 전후 현재까지 한 번도 오버한 적이 없기 때문이다. 현재 중국이 어느 정도 수준인지를 알 수 있는 대목이다.

인접 국가끼리는 잘 지낼 수 없다

힘의 균형이라는 국제정치의 원리를 앞서 자세히 살펴보았다. 그런데 이에 필적하는 국제정치의 핵심 원리가 또 하나 있다. '인접 국가끼리는 잘 지낼 수 없다'는 가설이 그것인데, 말은 간단하지만 가설을 설명하는 철학적 논리는 대단히 심오하다. 가설에 대한 체계적인 연구가 1600년대 영국의 정치철학자 홉스(Thomas Hobbes)에 의해 처음 이루어졌으므로 '홉스의 가설'이라고 부르기도 한다. 간단히 말하면 국제관계의 가장 큰 특징은 국가들이 서로를 믿지 못하는 것인바, 특히 국경을 맞대고 있는 인접국가 사이에서는 불신 현상이 더욱 두드러진다는 것이다. 서로가 너무 가까이 있어 자신들의 이해를 침해할 가능성이 높다고 보고, 더더욱 경계한다는 것이 내용의 핵심이다. 위의 원리는 한 국가가 무력을 증강하면, 다른 국가도 경계를 늦출 수 없으므로 똑같이 무력을 증강시킬 수밖에 없다는 사실도 가르쳐준다. 군비경쟁(arms race)이 왜 일어나는지, 국가는 왜 막대한 돈을 써가며 상비군을 유지하고 있는지를 알 수 있다.

중국 역시 주변국을 대하면서 위의 원칙을 저버린 적은 없었다. 단지 상대에 따라 전술적 유연성을 가미했을 뿐이다. 어떤 경우든 중국의 모든 행동은 인접국들과 잘 지내는 것은 애초부터 불가능하다는 가정에 기초해 있다. 우선 중화인민공화국이 출범한 후 중국이 견지한 대외정책의 원칙을 살펴보면 중국이 자신이 처한 상황과 주변 정세를 어떻게 이해하고 있는지 엿볼 수 있다. 1949년 중화인민공화국이 출범하자마자 중국은 운 없게도 한국에서 미국과 정면으로 충돌했다. 당시 미국이 전쟁에 개입한 이유는 소련이 한국을 뒤에서 슬쩍 건드려보고 미국의 대응이 미온적이면 미국의 최대 이해 지역인 서유럽을 공격할 수도 있다는 우려 때문이었다. 전쟁의 동기가 그러하다면 전쟁의 목적도 어느 정도는 한정될 수밖에 없는데, 이것이 한국전쟁이 제한전(limited war)으로 치러진 이유이다. 한국을 방어함으로써 서유럽을 넘보는 소련의 야심을 꺾을 수 있다면 전쟁의 일차적인 목적은 달성된다고 생각했던 것이다. 미국과 정면으로 맞서는 것은 운이 없었지만, 미국의 그런 전략은 중국에게 행운이었다.

우리에게는 너무도 익숙한 유엔군 총사령관 맥아더 장군이 만주 폭격을 주장한 것이나 중국에 대한 원자폭탄 사용을 건의했던 것은 중국의 참전을 예견했기 때문이었고, 중국이 참전하면 엄청난 보복을 가해 중국을 무릎 꿇리겠다는 의지와 능력의 표출이었다. 하지만 제한전의 원칙이 확고한 상황에서 장군의 제안은 받아들여질 수 없었고, 따라서 중국은 운 좋게 한정된 미군의 전력을 상대로 무승부를 기록할 수 있었다. 미국의 확전이 소련의 개입을 불러일으킬 수 있었다는 주장이 있지만, 현재까지 밝혀진 한국전과 관련된 다양한 문서들은 그 가능성이 거의 없었음을 보여주고 있다. 소련의 목적은 오히려 중국과 미국이 엄청나게 싸우도록 방치함으로써 특히 중국의 힘을 빼는 것이었다. 아무튼 중국은 두 가지 중요한 교훈을 얻게 된다. 가뜩이나 못사는 나라인 중국이 미국과 같은 초강대국과 정면충돌하는 상황은 반드시 피해야 한다는 것과 전쟁을 통해 드러난 소련의 이중성을 경계해야 한다는 사실이었다. 미국의 힘을 직접 맛보았음은 물론, 특히 소련에 대해서는 한마디로 질렸던 셈이다. 후일 불거지는 중소분쟁의 씨앗은 그때 이미 뿌려졌음을 알 수 있다.

위의 경험은 전쟁 후 가시화되기 시작한 중국의 외교노선에 그대로 반영되었다. 미국과 소련의 권역에 편입되지 않은 비동맹 국가들의 수장인 것처럼 위장하며 반제국주의와 반패권주의를 기본으로 하는 주은래(周恩來)의 외교노선이 확정되었는데, 여기서 반제국주의는 과거 쓰라린 반식민지의 경험을 반영한 것이라고 볼 수 있고, 반패권주의는 미국과 소련을 반대한다는 것이었다. 후일 중소분쟁을 통해 밝혀진 사실이지만, 당시 반패권주의의 주된 대상은 미국이라기보다는 소련이었다. 상황이 그렇다면 중국은 모든 면에서 열세일 수밖에 없었다. 따라서 당시 중국의 외교노선은 "우리가 팽창하는 경우는 없으니 제발 우리를 건드리지는 말라." 식의 대단히 수세적인 것이었다. 실제로 한국전 이후 중국이 팽창을 꾀하거나, 대외적으로 개입을 시도한 적은 거의 없었다.

아무튼 중국은 불리한 경우 과거 중화제국 때와는 달리 몸을 낮추는 방법을 배웠고, 국경을 맞대고 있는 소련과는 잘 지낼 수 없다는 점을 확인하게 된다. 칼날의 빛을 감추고 어둠 속에서 은밀하게 힘을 기른다는 의미의 도광양회(韜光養晦), 혹은 평화롭게 대국화한다는 의미의 화평굴기(和平崛起)라는 용어의 배경을 알 수 있는 대목이다. 국제정치적 관점에서 아주 노골적으로 의역하면 "지금은 약해서 고개를 숙일 것이니 남들도 나를 안 건드렸으면 좋겠다."는 의미이다. 과거 중화제국에 비하면 천지개벽 수준으로 인식이 변화했음을 알 수 있다.

크고 강한 나라는 '이이제이' 한다

중국이 주변국을 다루는 방법에는 일정한 패턴이 있다. 우선 덩치가 커서 중국과 정면으로 경쟁할 수 있는 국가에 대해서는 일단 정면으로 맞서는 척하고 뒤로는 이이제이(以夷制夷) 정책을 구사하는데, 소련과 인도가 대표적이다. 다음으로 덩치는 작으나 똑똑하고 끈질겨서 요주의 대상인 국가에게는 분리·지배정책(divide and rule)을 구사한다. 한국과 베트남이 대표적이다. 아주 작아 힘이 별로 없는 국가는 무자비하게 점령하는 정책을 쓰는데, 티베트가 대표적인 예다. 나머지 국가들에 대해서는 무관심한 척한다. 우선 소련과의 관계는 정면으로 맞서다가 혼났지만 운 좋게도 또 다른 이(夷), 즉 오랑캐인 미국의 도움으로 살아난 경우이다. 갈등의 기원이 한국전쟁 때까지 올라간다는 사실은 앞서 살펴본 바와 같다. 국제정치의 원리상 강력한 인접 국가끼리 잘 지내는 것은 불가능하므로, 중국과 소련이라는 두 강대국은 끊임없이 실랑이를 지속했다. 1969년 소련이 드디어 매를 들면서 양국은 정면으로 충돌하게 된다.

양측이 신경전을 지속하는 사이 무려 6,000킬로미터에 이르는 양국 국경에는 중국의 150만, 그리고 소련의 50만 대군이 대치하고 있었다. 1969년 3월 2일 양국의 국경인 우수리 강의 다만스키 섬(중국명 진보도)에서 첫 총격이 발생한 후 8월 13일까지, 총 10차례의 대규모 교전이 이루어졌다. 동쪽 국경의 4개 지역과 서쪽의 2개 지역에서 충돌이 있었으므로 사실상 거의 국경 전체에 걸쳐 총격전이 터진 셈이다. 아무튼 결과는 현재까지 베일에 가려져 있지만, 서방의 관측통들은 중국군의 전사자가 약 6만 명인 반면, 소련군은 5,000명 정도만이 죽은 것으로 평가하고 있다. 한마디로 소련의 일방적인 승리였음을 알 수 있는데, 양국의 군사력 차이를 감안하면 너무도 당연한 결과였다.

상황이 얼마나 심각했는지는 그다음 전개된 긴박한 상황을 통해 짐작할 수 있다. 소련은 이 기회에 중국과 전면전을 벌여 중국을 완전히 굴복시키려 했다. 여기서 전면전은 물론 핵공격을 포함하는 것이었다. 소련은 최강국 미국의 태도에 관한 궁금증을 풀기 위해 은근히 미국의 입장을 타진해 본다. 소련이 중국을 공격하더라도 그것은 양국 간의 문제이고, 미국을 해칠 의사가 전혀 없으니 미국은 신경 쓰지 말라는 자국의 의사를 간접적으로 전달했다. 후일 그런 외교적 행보는 큰 실수로 밝혀지는데, 당시 미국은 양국의 충돌 사실과 그 심각성을 모르고 있었기 때문이다. 이 말은 뒤집어 소련이 그냥 공격했더라면 미국이 놀랄 수는 있으나, 적대국인 중국을 도울 의사는 애초부터 없었으므로 그냥 모르는 척했을 가능성이 높았다는 것을 의미한다.

당시 미국에는 영민한 대통령 닉슨(Richard Nixon)과 키신저 (Henry Kissinger)라는 외교 천재가 있었다. 소련의 의사가 전달되자 미국은 그것의 전략적 의미를 금방 간파하고, 소련이 중국을 공격하는 경우 좌시하지 않겠다고 대응한다. 소련이 뒷걸음치는 결정적 계기가 마련된 셈이다. 미국의 단호한 태도는 소련이 중국을 점령하는 경우 소련의 힘이 너무 커진다는 전략적 판단에 기초하고 있었다. 바로 이것이 미국과 중국의 데탕트, 즉 긴장완화의 배경이다. 1972년 2월 닉슨 대통령의 중국 방문 시 양국의 합의는 상하이 코뮈니케의 형식으로 발표되었는데, 세계 전략구도를 변경하는 다음과 같은 핵심적인 내용이 담겨 있었다. "미국과 중국 모두는 소련과 협력하지 않을 것이고, 또한 양국은 어떤 특정 국가가 아시아의 패권(hegemony)을 추구하는 것에 반대한다." 여기서 패권을 추구할 의사와 능력이 있는 국가는 소련밖에 없었으므로 양국 간에는 암묵적인 반소동맹이 형성된 셈이다. 국경을 맞대고 있는 큰 국가에 대해서는 정면으로 맞서되 대치 상황을 유리하게 이끌기 위해 이이제이 정책을 구사한다는 가설의 기본 원칙이 그대로 적용됐다는 사실을 확인할 수 있다. 여기서 이(夷)는 물론 적국 소련의 적인 미국이었다. 풍전등화의 위기에서 중국을 구한 국가가 미국이라는 사실은 역사의 아이러니가 아닐 수 없다.

규모는 작지만, 인도에 대해서도 중국의 외교정책은 대단히 흡사했다. 1962년 10월 중국의 군사행동으로 시작된 양국의 국경 충돌은 정면으로 맞서는 중국의 전략을 그대로 반영하고 있다. 소련과 같은 막강한 국가에 정면으로 대들다 혼난 것과는 달리 인도의 국력에는 한계가 있었으므로 중국은 전세를 유리하게 이끌 수 있었다. 한 달 정도 지속된 충돌이 중소분쟁과 같은 큰 규모는 아니었지만, 중요한 것은 이후 중국과 인도는 서로 잠재적인 적국이 되었다는 사실이다. 소련과의 분쟁 때와 유사하게 이번에도 중국은 이이제이 정책을 구사하며, 종교적으로 인도와는 앙숙일 수밖에 없는 파키스탄을 끌어들이게 된다. 중국과 파키스탄의 밀착은 지금도 계속되고 있다. 대신 인도는 맞대응으로 소련으로 기울었다. 다음의 예를 보면 이후 두 국가가 얼마나 라이벌이 됐는지 알 수 있다.

중국은 1964년 핵실험에 성공하며 핵보유국이 됐다. 핵보유를 결심한 동기는 다양하지만, 1953년 이후 대만의 장개석(蔣介石) 총통과 벌인 군사충돌이 중요한 원인이었다. 본토를 수복하겠다고 외치며 본토와 불과 13킬로미터 떨어진 금문도(金門島)에 대규모 군대를 집결시켰으니 모택동으로서도 앉아 있을 수만은 없는 일이었다. 양측의 포격이 격화되자 미국이 개입하게 된다. 유명한 금문도 사건이 터진 것이다. 당시 미국 군부는 중국에 대한 핵공격을 아이젠하워 대통령에게 수시로 주문했다. 중국도 낌새를 챌 수밖에 없었는데, 이때 중국이 절실히 느낀 것이 핵무기의 중요성이었다. 미국의 강력한 대응에 놀란 중국이 사실상 무릎을 꿇으며 1958년 금문도 사건은 종식됐다. 이후 6년 만에 수면 위로 떠오른 것이 중국의 핵무장이었다.

원리상 중국이 움직이면 인도도 움직일 수밖에 없다. 결과적으로 9년 뒤인 1973년 인도도 핵실험에 성공한다. 파장은 마치 도미노 게임처럼 진행되어 인도의 라이벌인 파키스탄도 1999년 핵무장을 하게 된다. 국경을 맞대고 있는 국가들의 심리상태와 그 결과인 군비경쟁의 원인은 이미 살펴본 바 있다. 아무튼 중요한 것은 상기의 노골적인 경쟁이 중국과 인접 국가들 사이에서 실제로 벌어지고 있다는 사실이다.

이상의 역사적 부침을 통해 2010년 11월 한국에서 열린 G20 회담 직전, 미국 오바마 대통령이 왜 인도를 방문했는지 알수 있다. 이미 사라진 소련을 대신하여 미국은 인도와 전략적 동반자 관계를 맺었다. 두 국가의 의도가 중국에 대한 공동 견제임은 물론이다. 흥미롭게도 소련이 인도 진영에 남겨놓은 작은 공백을 이번에는 미국이 메우며 전략적 이득을 취한 셈이다.

작지만 똑똑한 나라는 나누어 지배한다

위의 분류에 따르면 베트남은 한국과 같은 부류에 속한다. 그러므로 중국의 대(對)베트남 정책을 살펴보면 한반도에 대한 중국의 속내를 엿볼 수 있을 것이다. 베트남이 국제정치의 전면에 등장한 것은 그들의 영웅인 호치민(Ho Chi Minh)이 1941년 5월 중국 국경에 인접한 베트남의 팍보(Pac Bo)에서 우리에게는 월맹으로 알려진 베트남독립동맹회를 결성하면서부터다. 제2차 세계대전 초기 독일에 완패하며 힘이 약해진 식민지 모국 프랑스에 대항할 수 있는 기반이 구축된 셈이다. 한 걸음 나아가 1945년 9월에는 호치민이 하노이에서 일방적으로 독립을 선포하며 베트남민주공화국을 출범시켰다. 베트남이 독립하기 위해서는 프랑스를 몰아내야 했으므로 충돌은 불가피했는데, 양측의 격돌이 바로 제1차 인도차이나 전쟁이다.

베트남과 중국의 관계는 1949년 10월 출범한 중화인민공화국이 1950년 1월 월맹을 외교적으로 승인하면서 시작된다. 중국이 한국전쟁에 개입한 것을 보면, 같은 공산주의 국가인 월맹이 베트남에서 맹활약한다는 것은 중국으로서도 반가운 일이 아닐 수 없었다. 초기 월맹에 대해 중국이 가시적인 지원을 한 것은 분명하지만, 문제는 국제정치의 원리가 가르쳐주는 인접국들 간의 불신이었다. 키신저 박사의 다음과 같은 평가는 국제정치의 냉혹함을 유감없이 보여주고 있다.

"지금은 잘 알려진 사실이지만, 내전에서 막 승리한 중국 공산당은 그들의 자존적 독립에 소련이 가장 심각한 위협이 될 것으로 이미 생각하고 있었고, 또한 역사적으로 베트남도 중국에 대해 똑같은 위협을 느끼고 있었다. 따라서 1950년대 인도차이나에서 공산주의가 성공했다면, 상기의 라이벌들 간의 경쟁이 더욱 가속화됐을 가능성이 높다."(Kissinger, *Diplomacy*, p.627)

인접 국가끼리는 잘 지낼 수 없다는 가설이 얼마나 정확한지를 알 수 있는 대목이다.

중월관계는 처음부터 불신에 기초하고 있었음을 알 수 있다. 불신은 전쟁 중에도 이따금 불거져 나왔다. 1954년 월맹군 총사령관 지압(Vo Nguyen Giap) 장군은 디엔 비엔 푸에서 미국의 독립전쟁을 제외하고는 식민지 역사상 처음으로 식민지 종주국의 군대를 완파하게 된다. 그리하여 프랑스가 식민통치하는 것이 불가능하다는 것이 증명되었지만, 월맹의 힘에도 한계가 있었으므로 베트남은 우리와 비슷하게 북위 17도 선을 기준으로 남북으로 분단되었다. 소련이 주선한 1954년 제네바 회의의 결과였는데, 이해 당사국 모두가 회의에 참가한 것은 물론이다. 하지만 충격적인 사건이 있었기에 특히 월맹에게 제네바 회의는 대단히 중요했다.

정확히 1954년 7월 22일 제네바 회의 참가자들을 위한 만찬이 열렸는데, 만찬 도중 중국 대표였던 주은래 수상은 회의에 참석한 베트남 남쪽의 총수 고 딘 디엠(Ngo Dihn Diem)의 동생에게 북경에 사이공 측의 공사관을 여는 것이 어떠냐는 놀랄 만한 제안을 한다. 협정이 체결된 지 24시간도 지나지 않은 시점에서, 중국이 벌써 특유의 양다리 외교를 시작한 것이다. 사이공 측의 거부로 제안이 성사되지는 않았지만 월맹은 대단히 중요한 교훈을 얻었다. 베트남을 영구 분단시키려는 중국의 의도에 대한 논쟁의 여지가 없는 명백한 증거가 나왔기 때문이다. 1992년 북한의 반대를 무릅쓰고 한국과 수교한 중국의 태도는 어제오늘의 이야기가 아닌 셈이다. 작지만 똘똘해서 눈엣가시 같은 주변국에 대해서 나누어 지배한다는 원칙이 얼마나 철저히 지켜지고 있는지 알수 있는 대목이다. 베트남에 대한 중국의 속내는 중국의 군사전략을 살펴보면 더욱 선명히 드러난다.

국력이 약했기에 초기의 월맹은 중국에 많이 의존할 수밖에 없었다. 당연히 모택동의 군사전략도 자연스레 월맹군에 스며들었는데, 내용의 핵심은 모택동이 개발한 혁명전쟁 3단계론, 즉 게릴라전이었다. 프랑스군의 대패는 모택동의 교리에 기초, 정규군 전략을 어느 정도 가미한 결과였으므로 게릴라 전술의 유용성을 부인할 수는 없었다. 하지만 호치민과 지압은 분단 베트남의 통일을 위해서는 대규모 정규군의 육성이 반드시 필요하다는 사실을 잘 알고 있었다. 특히 미군의 막강함을 고려하면 정규군의 체계적인 육성은 더욱 절실했다. 문제는 중국이 지속적으로 그들의 군사교리를 강요하면서 정규군 육성에 필요한 군사지원을 거부했다는 사실이다. 여기서 상이한 두 군사전략은 중국과 월맹의 이해에 차이가 있다는 사실을 다음과 같이 보여주고 있다.

게릴라전으로 적을 괴롭힐 수는 있다. 적이 약하다면 괴멸 수준으로 적을 몰고 갈 수도 있을 것이다. 하지만 월맹이 상대하는 국가는 미국과 프랑스와 같은 강대국들이다. 따라서 게릴라전을 통해 이들을 괴롭힐 수 있으나 패배시킬 수는 없는 일이다. 현재 이라크나 아프가니스탄에서 자살폭탄을 중심으로 전개되는 게릴라전이 미군을 괴롭힐 수는 있지만, 결정적인 타격을 줄 수 없는 것과 같은 이치이다. 따라서 중국이 게릴라전만을 고집하는 것은 통일을 하지 말라는 것과 매한가지였다. 실제로도 중국이 원했던 것은 베트남의 영구 분단이었고, 미군이 개입한 이참에 월맹과 미국이 오랫동안 대치하며 국력을 소진, 모두가 약해지는 것이었다. 중국이 베트남의 영구 분단을 획책한다는 또 다른 증거는 그때 이미 나온 셈이다.

하지만 영민한 지도자 호치민과 군사 천재로 추앙되는 지압 장군이 중국의 술수에 놀아날 사람은 아니었다. 잽싸게 말을 갈아타 중국과 갈등을 심화시키고 있던 소련을 끌어들이게 된다. 1955년 양국 간에 경제원조협정이 체결되면서 소련의 지원이 공식화되었는데, 처음에는 경제원조가 주를 이뤘다. 하지만 1964년 통킹 만 사건으로 미국 지상군의 개입이 가시화되자 기존의 원조는 군사지원으로 전환되었다. 1965년부터 미군이 떠날 때까지 공식 통계로만 매년 2억 5,000만 달러가 베트남에 제공된 것을 보면 베트남의 승리는 사실상 소련의 지원에 기초해 있음을 알 수 있다. 그 대가로 소련은 캄란과 다낭 기지 사용권을 얻었다. 당시 중소대립이 극을 달리고 있었으므로 중국을 아래로부터 압박할 수 있는 전략적 이득을 소련이 취한 셈이다. 결과적으로 통일전쟁에서 베트남은 중국에 진 빚이 거의 없었다. 통일 베트남은 지금도 중국에게 큰소리 치고 있고, 반대로 중국의 도움 없이 미국을 패배시키고 통일의 위업을 달성한 베트남에 대해서 중국은 가급적 소리를 죽인 채 항상 경계의 눈초리를 거두지 않고 있다.

현재까지 중국이 베트남을 심하게 비난하거나 협박하는 경우는 거의 없었다. 1979년의 사태를 보면 왜 그럴 수밖에 없는지 알 수 있다. 1975년 월맹에 의해 베트남은 통일되었다. 전쟁에 이골이 난 상태에서 소련의 큰 지원, 그리고 남쪽에서 획득한 엄청난 규모의 미국 군사장비를 등에 업고 통일 베트남은 동남아시아 최강의 군사력을 지니게 되었다. 힘이 넘치는 상태에서 캄보디아의 폴 포트 정권이 신경을 계속 건드리자 1978년 말 캄보디아를 공격, 단 2주 만에 폴 포트 정권을 굴복시켰다. 당시 캄보디아의 후견인은 베트남과 사이가 안 좋은 중국이었는데, 베트남의 팽창을 보고만 있을 수는 없었으므로 1979년 등소평은 집권하자마자 베트남을 침공하게 된다. 중소분쟁 때와 비슷하게 양측 모두 전쟁의 결과에 대해서는 입을 다물었지만, 서방 소식통들은 한 달 동안 중국군이 약 5만 명, 반면 베트남군은 단지 5,000명 정도가 전사했다는 놀라운 결과를 타전한 바 있다. 한마디로 중국의 완패임을 알 수 있다. 전쟁 발발 불과 한 달 후 중국 측이 일방적으로 철수한 것을 보면 중국이 창피를 톡톡히 당한 것만은

분명하다. 그 후 중국이 베트남의 신경을 건드리는 경우는 거의
없었다.

중국이 북한을 싸고도는
이유와 그 한계

중국은 한반도의 통일을 원하지 않는다

베트남 사태는 중국의 속내를 분명히 보여주고 있다. 베트남과 같이 똑똑하고 강인한 민족은 분할, 관리하는 것이다. 한반도에도 원칙은 그대로 적용되어, 영구분단 정책과 양다리 전술은 유감없이 발휘되었다. 중국이 한반도가 영구 분단되기를 원한다는 증거는 어렵지 않게 찾을 수 있다. 한국전쟁에 군대를 파견한 것이 대표적 예인데, 당시 한미 연합군은 인천상륙작전을 성공시키며 파죽지세로 북진하였고, 결국 압록강까지 올라갔다. 전쟁을 도발한 북한군이 사실상 괴멸된 것이므로 당시 통일은 기정사실이었다. 바로 이때 개입한 국가가 중국이었으니, 민주정부에 의한 통일은 안 된다는 것이 중국의 의도였던 셈이다. 중국이 현재까지 금과옥조로 지키고 있는 이른바 '순망치한(脣亡齒寒)'의 원리를 알 수 있는 대목이다.

순망치한은 입술이 없으면 이가 시리다는 말로 춘추시대 말기 『춘추좌씨전(春秋左氏傳)』에서 기원한 것으로 알려지고 있다. 서로 떨어질 수 없는 밀접한 관계라는 의미인데, 국제정치적 함의는 조금 더 복잡하다. 입술이 없다고 죽는 것은 아니지만 이는 계속해서 시릴 것이므로 지속적인 고통은 피할 수 없다는 것이다. 북한이 소멸하여 민주국가가 압록강까지 치고 올라오면 중국과는 대단히 이질적인 한국, 그리고 뒤를 받치고 있는 미국과 국경을 접하게 되므로 유무형의 압력을 피할 수 없다는 논리이다. 바로 이것이 중국이 한국전쟁에 참전한 이유이고, 현재까지 북한을 싸고도는 것처럼 보이는 대북정책의 배경이다. 여기에 베트남에서 드러난 중국의 양다리 전법을 접목시키면 다음의 그림을 얻을 수 있다.

중국에게 월맹은 사실상 북한과 비슷한 존재였다. 그런데 월맹에 의한 통일을 악착같이 저지하며 온갖 책략을 동원한 게 중국이었으므로, 중국은 북한에 의한 한반도 적화통일도 원하지 않는다고 추론할 수 있다. 적화통일을 바라지 않는 이유는 베트남에서와 동일하다. 북한 주도로 한반도가 통일되는 경우 통일 공산주의 한국이 중국 편이 된다는 보장은 어디에도 없기 때문이다. 통일 베트남이 한국 및 미국과 친해졌듯이, 통일된 공산 한국이 미국과 일본을 안 끌어들인다는 보장은 또한 어디에도 없는 것이 사실이다. 공산주의 통일이 이루어진 베트남이 통일 직후부터 중국과는 앙숙이 되면서 급기야 1979년 양국 간 대규모의 전쟁이 발발한 사실은 상기 해석의 적실성을 잘 보여주고 있다.

그런 원칙과 목적에 기초, 중국은 양다리 전법을 동맹 여부와 상관없이 서슴없이 활용했다. 1992년 한국과의 국교정상화는 가히 양다리 전술의 백미라 할 수 있는데, 전쟁을 통해 혈맹의 수준까지 관계가 긴밀해진 마당에 북한이 그토록 반대하는데도 중국이 한국과 외교관계를 정상화시키는 것은 상상하기 어려운 일이기에 위의 단정적인 평가가 가능한 것이다. 하지만 중국은 눈한번 깜박하지 않고 자신들의 목적을 관철시켰다. 반대의 경우를 생각해 보면 그것이 얼마나 냉정한 결정이었는지 알 수 있다. 한국이 반대한다면, 미국과 일본이 반대를 무릅쓰고 북한과 가까이 지낼 수 있을까? 아마 상상하기 힘들 것이다. 하지만 중국의 본질이 그러하므로 뭐라 나무랄 수는 없는 일이다. 나중에 자세히 짚어보겠지만, 우리의 외교적 사고가 오랜 역사적 경험의 산물이듯, 중국도 마찬가지일 것이기 때문이다. 그렇게 보면 양다리 전법은 중국의 생존전략인 셈이다.

북한이라는 입술

순망치한은 국제정치 이론인 완충지대론(buffer zone)과 맥을 같이하고 있다. 완충지대는 국경과 인접한 곳에 잠재 적국의 세력 침투를 중화시키는 지역이 존재한다는 것을 의미한다. 따라서 잠재 적국이 자신을 침입하려면 우선 완충지대를 통과해야만 한다. 북한이 중국의 완충지대라면, 동유럽은 구소련의 완충지대이고, 한국은 일본의 완충지대이다. 그런 전략의 유용성은 다음 설명을 통해 이해할 수 있다. 일단 완충지대가 있으면 국경의 방위에 많은 군대가 필요 없다. 국경을 맞대고 있는 완충지대 국가는 자신에게 우호적이거나 최소한 중립적이므로 자신을 침입할 가능성이 없기 때문이다. 군 자원을 절약할 수 있는 셈이다. 다음으로 적이 침입하면 일단 완충지대를 거쳐야 하므로 그만큼 시간을 벌 수 있고, 완충지대에 군대를 파견하여 자국의 영토 밖에서 전쟁을 수행할 수도 있으며, 잘만 하면 그곳에서 전쟁을 끝낼 수도 있다. 한국전쟁이 대표적인 예일 것이다. 여기서 중요한 것은 위기 시 완충지대 국가만 죽어난다는 사실이다.

여기서 순망치한의 원리와 양다리 전법을 접목시키면 전략구도의 또 다른 측면을 엿볼 수 있다. 중국의 입장에서 북한이라는 완충지대는 필요하지만 북한의 강성함 역시 견제해야 하기 때문에 북한의 부흥을 억제시키는 가운데, 겨우 생존할 정도의 지원만 제공함으로써 북한을 중국에 종속시키면, 한국과 미국에 의한 통일은 막을 수 있다는 계산이 가능하다. 완충지대의 보존에는 큰 문제가 없는 셈이다. 물론 계산에는 한국과 미국의 북침이 불가능하다는 가정이 내포되어 있다. 우선 민주·자본주의 국가가 체제의 특성상 먼저 전쟁을 일으키기는 어려운 일이다. 또한 주한 미군은 한국을 방어하고 있지만 역설적으로 한국 주도의 전쟁을 막는 역할도 하고 있다. 나아가 북한이 핵무기를 갖고 있는 한 핵전쟁을 유발할 수 있는 군사도발은 상상하기 힘들다. 중국이 북침은 없다고 확신하는 충분한 이유가 있는 셈이다.

따라서 순망치한 원리의 핵심 기제인 북한의 생존이 보장되는 한, 즉 북한이 스스로 붕괴되지 않고 북침에 의한 소멸 가능성 또한 없다면, 양다리 전법을 구사하는 데는 아무 장애요인이 없다는 사실을 알 수 있다. 우선 북한을 끼고돌아도 그것에 대해 제재가 가해지는 것은 쉽지 않을 것이므로 계속 그렇게 하는 것이고, 반대로 한국에 대해서는 거리낌 없이 접근하여 오늘날 양국이 그토록 긴밀한 경제교류를 할 수 있는 것이다. 앞서 설명한 바와 같이 중국은 좋게 말하면 투 트랙(two track) 전법, 적나라하게 말하면 순망치한에 기초한 양다리 전법을 구사하고 있는 셈이다. 북한으로부터는 전략적 이득을, 그리고 한국으로부터는 경제적 수확을 각각 취하고 있다는 점을 알 수 있다. 바로 그러한 이중 전략 때문에 한국 국민들이 판단상의 혼란을 경험했다는 사실은 이미 밝힌 바와 같다.

위의 모든 것을 종합해 보면 중국의 대한반도 전략을 다음과 같이 요약할 수 있을 것이다. 우선 어떠한 경우에도 완충지대는 반드시 확보해야 한다. 현재 남북분단 상황은 그 목적을 달성하기 위한 최선의 조건을 제공하고 있으므로 현상유지(status quo)가 최선책이다. 다음으로 한반도에서 전쟁은 어떤 식으로든 피해야만 한다. 전쟁은 통일을 의미할 가능성이 높고, 따라서 중국의 영구분단 정책에 위반되기 때문이다. 더욱 중요한 것은 전면 전쟁이 사실상 미국의 자동개입을 의미한다는 사실이다. 가능성은 희박하지만 일이 잘못되면 중국이 미국과 정면으로 맞서야 하는 끔찍한 상황이 전개되지 말라는 법도 없다. 중국의 군사력 열세를 감안하면 중국으로서는 상상하기도 싫은 국제정치가 전개되는 셈이다. 중국이 고집스럽게 현상유지에 집착하는 이유를 알 수 있다.

양다리 전략의 한계

세상에 공짜는 없다는 진리가 존재하듯, 이득은 그냥 오는 것이 아니다. 반드시 대가가 있기 마련이다. 우선 중국의 전략이 얼마나 복잡하고 정교한지는 위의 분석을 통해 알 수 있다. 자고로 복잡한 기계는 운영하기가 힘들고 고장도 잘 나는 법이다. 작동원리가 가장 단순한 소련의 AK 소총이 정교하게 설계된 미국의 M16보다 실전에서 높이 평가되는 것과 같은 이치이다. 우선 중국의 전략은 북한의 체제적 모순과 외교정책으로부터 허점을 노출하게 된다. 북한에 대한 화끈한 경제 및 군사적 지원이 없다는 것은 북한이 일반 사람이 생각하는 것보다는 중국에 덜 의존적이라는 사실을 의미한다. 이것이 한미 관계와 근본적으로 다른 면이다. 미국은 한국의 경제, 군사, 사회, 심지어는 문화에까지도 깊이 관련되어 있다. 따라서 한국이 미국의 의사에 반하는 행동을 하는 것은 쉽게 상상할 수 없다. 물론 그 대가가 세계 최고 수준의 경제적 번영과 안보이므로 한국인들도 그런 관계에 별 불만은 없다.

그러나 중국이 북한에 대해 영향력을 행사할 수 있는 경우는 놀랍게도 극한의 상황 이외에는 별로 존재하지 않는다. 북한의 명줄이자 숨 쉬는 데 반드시 필요한 원유 및 식량과 같은 전략물자를 중국이 건드리는 경우에만 북한에 대한 영향력이 생기기 때문이다. 위에서 설명한 순망치한의 원리상 북한을 붕괴로 몰아갈 수도 있는 명줄 죄기는 사실상 불가능하다. 따라서 북한이 중국의 말을 들어야 할 현실적인 이유는 별로 없는 셈이다. 역으로 중국의 입장에서도 기존 전략의 기본 가정을 변화시키지 않는 한 북한을 다룰 수 있는 묘수는 없다는 사실을 알 수 있다.

문제는 우선 북한의 모순으로부터 불거져 나올 수밖에 없다. 경제가 극빈의 상태에 처한 가운데, 김정일의 건강이 갑자기 악화됨으로써 아무 사전 준비 없이 젊은 아들에게 갑작스레 권력을 이양하는 것이 가능할까? 아마 많은 무리가 따를 것이다. 북한이 내부에서 권력관계상의 긴장이 있는 경우 외부 도발을 통해 그 긴장을 완화시켜왔다는 사실은 이미 아는 바이다. 이 말은 뒤집어 북한이 공산독재 세습 국가가 아닌 정상국가였다면 연평도 포격과 같은 사태는 불가능했다는 것을 암시한다. 여기서 중요한 것은 천안함 폭침과 연평도 포격이 밖으로 비쳐지는 것과는 달리 전략적 관점에서는 아래와 같이 중국과 북한에 손실을 안겨준다는 사실이다. 체제적 모순이 왜 중국의 기존 전략에 대한 압박 요인으로 작용하는지를 알 수 있는 대목이다.

우선 북한의 상황을 살펴본 후 중국이 입는 손실을 추론해 보기로 한다. 극한의 경제 상황에 처해 있는 북한이 얼마나 더 버틸지는 아무도 모른다. 하지만 간접적인 증거를 보면 북한이 견디는 것이 쉽지 않다는 사실을 알 수 있다. 대표적으로 2009년 11월 전격적으로 단행된 화폐개혁은 무엇을 의미할까? 다양한 설명이 가능하겠지만, 그런 무리한 정책을 단행하고 엄청난 후유증으로 지금 단단히 고생하고 있는 것을 보면 뭔가 급했던 것은 분명하다. 한마디로 정권은 돈이 필요했고, 김정은에게 정권을 이양하기 위한 경제적 기반 또한 절실했다. 북한주민들이 제한된 시장활동을 통해 고생해서 모은 돈을 화폐개혁을 통해 강탈하면 두 목적은 달성된다. 비슷한 맥락에서 과거 10년간 지속된 햇볕정책의 결과 북한은 한국을 위협하면 돈이 나온다는, 특히 핵무기 개발 카드를 흔들어대면 보상을 얻을 수 있다는 이상한 생각을 갖게 되었다. 이것이 한국에 대한 협박을 지속하고 있는 또 다른 이유인데, 그 정점에 천안함 폭침과 연평도 기습공격이 있다고 볼 수도 있을 것이다. 문제는 그런 모든 행동이 한국, 미국, 일본, 나아가 중국의 이해를 모두 건드린다는 사실이다.

특히 중국의 이해가 침해되는 과정을 살펴보면 중국의 전략이 한계에 봉착하기 시작했다는 사실을 알 수 있다. 한국 영토에 대한 직접적인 공격이 가해지자 미국은 어떤 방식으로든 개입할 수밖에 없었다. 개입은 세상에서 가장 막강하다는 미 제7함대의 핵심 전력을 한반도에 파견하는 군사행동으로 나타났다. 중국에게는 무시무시한 상황이 전개되었는데, 7함대의 핵 항공모함 그리고 관련 핵심 전력이 역사상 처음으로 중국이 스스로 내해(內海)라고 간주하는 서해에 파견되면서 한국전 이후 최대 규모의 군사훈련이 실시됐기 때문이다. 하지만 중국은 발만 동동 구른 채 한마디 항변도 못하고 엄청난 사태를 지켜볼 수밖에 없었다.

나중에 자세히 살펴보겠지만, 사태의 전략적 함의는 심대한 것일 수밖에 없다. 한마디로 중국이 위장하며 겉으로 자랑했던 군사강국의 이미지가 여지없이 깨진 것이다. 그 파장은 지금부터 중국의 군사력을 무서워할 주변국은 없게 됐다는 냉혹한 현실로 이어진다. 국제정치상 강대국의 첫 번째 조건은 군사적 위엄(prestige)이다. 한 가정의 가장도 권위에 타격을 받으면 가족의 구성원들을 효율적으로 이끌 수 없다. 세상은 결국 같은 이치로 돌아가므로 중국의 권위에 가시적으로 금이 간 이상 한국, 일본은 물론 멀리 베트남을 비롯한 동남아시아, 그리고 인도와 같은 주변국을 효과적으로 통제할 수는 없는 일이다.

다음으로 한·미·일 삼국은 미국을 중심으로 이미 동맹관계를 맺고 있지만, 한국과 일본을 자극함으로써 두 국가가 미국에 더욱 밀착하는 현상은 피할 수 없게 됐다. 센카쿠 열도에 대한 중국의 공세적 입장이 더해지면서, 반북을 넘어 전략적으로는 반중동맹이 강화되고 있는 셈이다. 국제사회에서 중국이 거들먹거리는 태도를 지속하고 북한 감싸기가 계속되자, 파장은 더욱 번져 인도, 인도네시아, 베트남, 나아가 러시아까지 반중의 대열에 가세하기 시작했다. 북한으로부터 얻게 되는 전략적 이득을 지키기 위한 대가로 동아시아의 전체 전략구도에서는 손실을 감수해야만 하는 상황이 전개되고 있는 것이다.

중국은 곤혹스러울 수밖에 없는데, 최근 위키리크스(WikiLeaks)에 공개된 북한에 대한 중국 외교관리들의 고민, 즉 북한 편을 들 수도 없고 그렇다고 발을 뺄 수도 없는 난처한 처지라는 푸념이 외교적 위장만은 아닌 것 같다. 향후 북한문제와 관련하여 한국, 미국, 그리고 일본의 중국에 대한 압력은 지속될 것이다. 그럼에도 중국은 기존의 대북 정책을 고수할 수 있을까? 만약 그렇게 되면 한국과 일본을 포함한 서방 진영은 중국을 국제사회의 일원으로 받아들일 수 있는지를 심각하게 고민하게 될 것이다. 그것은 곧 중국이 정상국가인가 하는 의문을 증폭시키면서 국제사회 전체의 견제로 이어질 가능성이 있다. 예측이 현실화되면 중국은 중화인민공화국 역사상 한 번도 겪어보지 못한 특이한 유형의 압력을 피할 수 없게 된다.

나라 사이에도 위계가 있다
—중국의 유교적 국제정치질서관

복잡하고 부담이 따르는 이중전술에 중국이 무리할 정도로 집착하는 이유는 무엇일까? 한반도 이해구도에 대한 앞서의 설명을 통해 일차적인 해답은 얻었지만, 중국이 부담을 느끼면서도 기존의 입장을 고수하는 데는 나름 또 다른 이유가 있을 것이다. 국가의 외교정책은 '오랜 세월을 두고 축적한 국가의 경험, 그리고 그것을 통해 형성된 대외관 등이 복합적으로 작용하는 사고의 틀'을 통해 이루어진다고 설명한 바 있다. 그렇다면 중국은 오랜 세월 동안 어떤 경험을 했기에 위와 같은 독특한 외교정책을 구사하는 것일까? 중국의 역사가 장구하고 방대해서 간단히 요약하는 것은 무리이겠지만, 대외관계와 관련해 한 가지 분명한 특징은 발견할 수 있다. 역대 중국의 왕조 중 절반 이상은 중화민족, 즉 한족(漢族)이 아닌 다른 민족이 세운 정권이라는 사실이다.

중국만큼 아수라장을 많이 겪은 국가도 흔치 않을 것이다. 일반적으로 우리 민족의 과거사를 외침의 역사라고 하지만, 중국 민족도 전쟁에는 이골이 날 만큼 많은 투쟁을 겪었다. 특히 춘추 전국(春秋戰國)시대를 살펴보면 피비린내 나는 역사의 단면을 엿 볼 수 있다. 기원전 770~403년 시기를 춘추시대라고 하는데, 다 음의 통계를 통해 당시 얼마나 많은 전쟁이 중국대륙을 휩쓸었는 지를 알 수 있다. 춘추시대 초기에는 거의 100여 명의 제후가 난 립했으나 전쟁을 거듭한 끝에 말기에는 단지 14 제후만이 살아남 았다. 대부분의 제후가 몰살당한 것이다. 『춘추좌씨전』에 따르면 춘추시대에 총 483회의 전쟁이 일어났다고 한다. 전쟁의 발발 횟 수가 그렇다는 것이므로 중국은 사실상 매일 전쟁을 하며 350년 이상을 지낸 셈이다.

난립하던 제후들은 결국 일곱으로 줄어들었는데, 이들이 기 원전 403년부터 시작되는 전국시대의 유명한 칠웅(七雄)이다. 각 국가의 크기가 커졌으므로 전쟁 또한 과거와는 비교할 수 없을 만큼 대규모였고, 전쟁은 당연히 그칠 날이 없었다. 전쟁을 일삼 는 국가의 시대라는 의미의 전국시대(戰國時代)라는 명칭이 붙은 것을 보면 당시의 상황을 짐작할 수 있다. 하극상과 약육강식의 아수라장 시대를 거치면서 지난날의 질서와 가치관은 땅에 떨어질 수밖에 없었다. 혼란의 수습을 위해서는 질서가 필요했는데, 따라서 질서를 강조한 중국의 위대한 사상가들 대부분이 혼돈의 시대에 집중되어 있는 것은 우연이 아닐 것이다. 그중 가장 유명한 사람이 공자(孔子)라는 것은 누구나 아는 사실이다. 기원전 221년에 진시황(秦始皇)에 의해 천하가 통일되고, 얼마 안 가 한나라가 들어서면서 질서에 대한 확실한 개념체계가 확립된다. 이때부터 중국 대외정책의 기본 원칙 또한 처음 뿌리를 내리게 된다.

한나라의 통치 이념은 유교였다. 중국 사람의 사고에 자리 잡으면서 유교는 자연스럽게 중국인들의 대외관에도 영향을 미치게 된다. 이른바 '유교적 국제정치질서관(Confucian International Order)'이 확립된 것이다. 인간의 범사에 위계가 있듯이 국가 사이에도 비슷한 질서가 있으므로, 모두가 위계질서를 지키면 국가 간에도 화평이 이루어진다는 것이다. 다시 말해 위와 아래의 구분이 있으니 아랫나라가 윗나라를 인정하고 잘 모시면 평화가 찾아온다는 내용이다. 여기서 윗분은 가장 가운데에 있고, 규모가 압도적으로 크며, 문화적으로도 가장 번성한 중국이었다. 외교적 관점에서 중화사상이 어디에 뿌리를 두고 있는지를 알 수 있는 대목이다. 새로운 사고에 기초하여 이른바 오랑캐라는 분류법이 자리 잡게 된다. 중국을 중심으로 변방을 동서남북 네 지역으로 나누어

각 지역의 이민족, 즉 오랑캐를 동이(東夷), 서융(西戎), 북적(北狄), 남만(南蠻)이라고 부르기 시작한 것이다.(이춘근, 「중국의 세계관」, 자유기업원)

문제는 아랫것에 해당하는 오랑캐들이 중국을 뒤엎은 게 한두 번이 아니라는 사실이다. 멀리 갈 것도 없이 오호십육국(五胡十六國) 시대의 분열이 정리되면서 나타난 중국의 왕조 중 당(唐)나라, 금(金)나라, 원(元)나라, 청(淸)나라가 이민족이 세운 정권이다. 뒤집어 보면 서기 600년 이후 성립된 통일왕조 중 송(宋)나라와 명(明)나라만이 한족의 왕조였다. 고구려에게 완패한 수(隋)나라가 있으나 워낙 단명하였으니 고려할 필요는 없을 것이다. 흥미롭게도 외세 왕조 중 대부분은 그들이 말하는 동쪽의 오랑캐, 즉 동이족이 세웠다. 또한 서기 600년대 후반 이후 동이족이 지배한 기간은 한족이 지배했던 기간보다 오히려 길었다. 중국의 중원을 기준으로 동쪽은 만주와 한국을 지칭하므로, 넓게 보면 이 지역 사람들이 중국의 왕권을 세운 것이다. 몽고는 북쪽에 있으므로 북적이 아니냐고 말할 수 있지만, 동이와는 사촌지간이다.

이들을 인종적으로는 몽고족(mongolian)이라 하는데, 유전적으로는 사실상 한 무리이다. 한국 사람과 같이 어릴 때 엉덩이에 파란 몽고반점이 있다는 공통점이 있고, 한국어와 흡사하게 조사와 동사의 어미를 활용하는 언어를 사용한다. 애초 우리 민족의 발원지가 정확히 어디였는지는 확실치 않으나, 고대 만주가 우리 민족의 중심 무대였음은 분명하므로 만주를 중심으로 그들을 하나의 종족으로 간주하는 데는 무리가 없을 것이다. 중국은 아무튼 강력한 동쪽의 사람들을 모두 합해 동이라고 불렀다. 흥미로운 점은 앞서 소개한 이이제이(以夷制夷)에서의 이(夷)와 동이의 이(夷)가 같다는 사실이다. 우연일까? 그렇지는 않을 것이다. 역사적으로 중국을 넘볼 수 있는 변방 중 동이가 가장 강했고, 따라서 오랑캐를 다루는 방법은 곧 동이를 다루는 방법이었기 때문이다.

중국은 한민족을 두려워한다

중국이 지닌 외교관(外交觀)의 역사적 배경을 다소 장황하게 살펴본 이유는 중국인들이 한국민족을 어떻게 생각하는지에 대해 알아보기 위해서이다. 역사적 배경이 위와 같을진대, 동이에 대해 중국인들이 콤플렉스가 없다면 그것은 거짓말이다. 외교적으로 콤플렉스가 무엇을 의미하는지는 앞서 설명한 바와 같다. 동이족에 대해서는 두려움과 경멸이 뒤섞여 있을 것이다. 동이의 중심국 중 하나가 한국이므로 위의 사실은 한국을 향해서도 그대로 적용될 수밖에 없다. 따라서 이 두려운 민족을 가만둘 수는 없으므로 다소 무리가 있고 계산이 복잡하더라도 역사적 경험에 기초, 특이한 외교전략을 고안했던 것이다. 일단 이간질을 통해 분리시켜놓고 양다리를 걸친 채 이리저리 흔들면, 중국을 넘볼 수 없게 된다는 것이 중국인의 계산법이었다. 결국 중국의 대한반도 정책은 오랜 역사적 경험의 자연스런 결과인 셈이다.

문제는 오늘날의 국제사회가 중국인들의 외교적 시각을 배척하고 있다는 사실이다. 인류는 지금 사실상 서양이 구축해 놓은 국제질서에서 살고 있다. 전문용어로는 민족과 국가를 하나의 중심 단위로 보는 국가이성(raison d'état)이 행동의 원칙이다. 국가는 절대 단위이기 때문에 모든 국가는 자존과 자치의 권리를 갖게 된다. 이것이 국가의 합리성(raison)인데, 국제관계는 합리성에 기초해 영위되어야 하므로 국제사회의 구성원 모두는 각 국가의 절대성을 존중해야만 한다. 현재 국제사회가 지니고 있는 세계관이 그러하다면, 중국의 중화사상과 그것에 기초한 위와 아래의 구분, 그리고 아래의 복종 의무 등이 얼마나 황당한 생각인지를 알 수 있다. 멀리 갈 것도 없이 최근 불거진 중국의 한국역사 왜곡은 중국식 사고의 진수를 보여주고 있다.

이른바 동북공정(東北工程)으로 알려진 역사 왜곡의 핵심 내용은 한민족의 역사적 자부심인 고구려가 중국의 일부라는 것이다. 그것으로도 부족했는지 최근에는 고구려는 물론, 기자 및 위만조선, 부여, 그리고 발해의 역사도 중국의 것이라고 우기고 있다. 뒤집어 보면 38선 이북 지역이 중국의 땅이라는 것을 의미한다. 따라서 중국의 영토를 임시로 관리하고 있는 북한도 결국은 중국의 품 안에 있는 것이므로, 북한을 싸고도는 것은 이상한 일이 아니라는 해석이 가능해진다. 지난날 다소 애매했던 국경 개념을 교묘하게 이용하고 있다는 사실을 알 수 있다. 중국의 유교적 국제관에 따르면 중국은 자고로 국경선의 개념을 지닌 적이 없었다고 한다. 중국의 먼 변방에 오랑캐들이 존재할 뿐이다. 따라서 오랑캐와 정면 승부를 펼칠 때도 전쟁이라는 말 대신, 오랑캐가 그냥 들어왔다는 의미로 입구(入寇)라는 용어를 사용했다고 한다.(이춘근, 앞의 글) 국경이 없었으니 오랑캐를 받아들이고 안 받아들이는 것은 윗분의 마음이라는 것이 중국인의 가치관이었던 셈이다. 그렇다면 역으로 주변국들이 중국의 현 국경을 인정할 근거도 사라지게 된다. 중국의 주장이 논리적으로 모순인 것을 알 수 있는데, 아무튼 중국인의 사고가 서구식 국제사회의 가치관과 동떨어져 있는 것만은 분명하다.

중국 사람들도 바보가 아닌 이상 서구의 국제정치질서를 모를 리는 없을 것이다. 새로운 서구식 질서 하에서 무시무시한 동이족을 다뤄야 하므로, 황당하지만 일단 외교적 빌미를 미리 만들어놓을 필요가 있다고 생각하는 것 같다. 유사 이래 만주는 중국의 영토인 적이 없었다. 그런데 운 좋게도 마지막 중국 왕조를 만주족이 세우면서 얼렁뚱땅 중국의 영토가 되어버렸다. 상황이 그러하므로 중국인들의 마음이 편할 리는 없을 것이다. 만주족은 그 존재가 묘연하니 현재 동이의 뿌리를 쥐고 있는 것은 한국일 수밖에 없는데, 다음의 역사를 보면 중국이 견제구를 지금부터 던질 수밖에 없는 이유를 알 수 있다. 만주의 간도 문제는 아직까지 꺼지지 않은 불씨로 남아 있다. 청나라 말기의 지도에도 간도는 조선의 영토로 나와 있다. 그런데 조선의 국권을 강제로 찬탈한 일제가 우리의 의사는 묻지 않고 간도를 청나라에게 넘겼으므로 우리는 지금 펄쩍 뛰며 일본과 청의 행위가 무효라고 주장해도 전혀 이상할 것이 없다.

상황이 그렇다면 한국 주도의 통일이 이루어지는 경우 중국으로서는 등골이 오싹해지는 상황이 전개되지 말라는 법도 없다. 논리적으로는 황당한 것인데도 동북공정을 일찌감치 펼치는 이유를 알 수 있는 대목이다. 즉, 북한의 변고에 대비하여 역사적으로 북한은 자기들 땅이라고 일단 주장해 놓고, 만약 통일이 가시화되면 북쪽은 원래 자신들의 땅이지만 소유권을 주장하지는 않겠으니, 북쪽 지역을 일단 중립화시켜 완충지대로 만들자는 논리를 펼 수 있기 때문이다. 완충지대 아이디어는 앞서 소개한 순망치한의 원리와 그대로 맞아떨어진다. 만약 위의 기발한 생각도 여의치 않게 되면 중국은 이미 많이 양보했으니 통일한국이 만주를 건드려서는 안 된다는 또 다른 논리를 전개하게 될 것이다.

아이러니한 것은 동북공정 자체에 북한의 변고가 언제 닥칠지 모른다는 중국의 계산이 숨겨져 있다는 사실이다. 과거에는 한 마디 말도 없다가 북한이 휘청거리기 시작한 21세기에 들어서야 갑자기 그런 주장을 하는 것을 보면 이유를 알 수 있다. 아무튼 이상의 역사적 설명은 우리 민족에 대한 이간질을 의미하는 분리지배, 그리고 양다리 전법의 뿌리가 너무도 깊다는 사실을 보여준다. 또한 유교적 중화사상의 모순도 잘 대변해주고 있다.

대한민국이 선택해야 할 대중국 전략

위의 분석을 통해 우리 민족이 중국에 대해 지니고 있는 일종의 압박감을 정도의 차이가 있을지는 모르지만 중국도 비슷하게 느끼고 있다는 사실을 알 수 있다. 한반도 정세가 한국 국민들로 하여금 역지사지(易地思之) 능력을 요구하고 있는 셈이다. 한마디로 우리가 위축되는 것이 있으면 중국도 그렇다는 것이다. 이것이 세상의 이치라는 것은 역지사지라는 말로 중국인들이 가르쳐 주었다. 나아가 중국의 대외정책이 중화사상에 기초해 있다면 현재 국제사회의 논리와는 전혀 맞지 않는다는 사실도 확인할 수 있다. 바로 그런 이유 때문에 서두에서 '현재의 국제사회는 급성장하는 중국을 맞이할 준비가 되어 있는가?'라는 질문을 던졌던 것이다. 중국의 사고가 진정 위와 같다면 논리적으로 국제사회의 기본 질서와 중국의 외교노선이 양립하는 것은 어려워진다. 여기서 '중국은 과연 우리와 같은 사고를 지니고 있는가?'라는, 보다 본질적인 질문이 이어지는 것이다. 아무튼 서두에서 소개한 국제관계사는 중국이 국제사회에 적응하는 데 실패하는 경우 중화민족에게는 비극적인 사태가 발생할 수도 있다는 사실을 보여주고 있다.

베트남의 현대사 또한 그냥 지나칠 수 없는 중요한 교훈을 주고 있다. 중국의 전술에 말려들지 않고 나름의 뚜렷한 주관을 견지하면서 베트남이라는 국가의 이해에 대한 객관적인 분석을 토대로 초지일관 자신들의 입장을 관철시켰다는 것이 우리를 감동시킨다. 그렇게 보면 통일 이후 공산주의와는 거리가 멀어 보이는 도이모이(Doi Moi, 刷新)라는 획기적인 개혁개방을 단행하며, 과거의 적국이었던 서방과의 교류를 아무 일이 없었던 것처럼 재개하고, 총부리를 겨누었던 한국을 경제발전을 위한 제일의 파트너로 흔쾌히 받아들인 것은 물론, 향후 중국을 견제하기 위해 피비린내 나는 싸움을 했던 미국과 스스럼없이 군사협력을 하는 지혜가 그냥 나온 것은 아니라는 사실을 알 수 있다. 과거 공산주의의 영향으로 당분간 경제적 팽창에는 한계가 있을지 모르지만, 베트남의 외교 및 군사력이 동남아시아 최고라는 데는 이론이 없다.

외교적으로 특히 중요한 것은 베트남(과거 월맹)의 지도층이 중국의 계략을 예리하게 간파한 것을 넘어 역으로 허를 찌르는 과감하고도 영민한 외교정책을 전개했다는 사실이다. 중국과 원수지간이 되어가던 소련을 끌어들인 것은 베트남 외교의 백미라 할 수 있는데, 그토록 영리한 정책의 결과는 그들이 가장 바라던 통일이었다. 그렇다면 한국전쟁 이후 한반도의 역학구도를 꿰뚫어본 결과, 한미상호방위조약을 체결하고 미군을 한국에 주저앉힘으로써 미국이 한반도에 깊숙이 개입하도록 외교력을 발휘한 이승만 대통령의 혜안은 호치민의 지략과 다른 것일까? 대상과 이념이 달랐을지는 몰라도 외교적 원리와 전략적 이해의 계산 방식은 사실상 같은 것이었다.

특히 미국과 소련은 공히 동북아시아와 동남아시아에서 영토적 야심이 없는 국가들이다. 역사적으로 전략 교과서에 나와 있는 균형의 원리를 이만큼 잘 적용한 예도 흔치 않을 것이다. 영토에 욕심이 없는 국가의 힘을 빌려 영토적 야심이 있는 국가를 견제할 수 있다면 그보다 탁월한 선택은 없다. 말은 쉽지만 실천은 고도의 전략적 계산 없이는 불가능한 일이다. 순간의 영리한 선택은 민족의 미래에 큰 영향을 미쳤다. 현명한 판단 덕에 베트남은 통일되어 중국에 떵떵 소리치는 동남아시아 최강의 국가가 되었다. 한국 또한 세계에서 제일 잘살고 가장 강한 국가와 긴밀히 협력하면서 과거 60년간 전쟁 없이 나라를 지켜냈고, 아시아 최고 수준의 정치경제 선진국으로 우뚝 섬으로써 발전모델의 세계적인 교과서로 추앙받고 있다. 이렇게 보면 베트남과 한국 모두는 중국이 쉽게 넘볼 수 없는 국력을 이미 갖춘 셈이다.

제2장
중국경제
영원한 성장은 없다[*]

*이번 장의 내용 중 일부는 다음 글에 기초하고 있다. 김기수, "중국의 경제성장과 한계: 앞으로 5~10년 내 고도성장 끝날 것," 「월간조선」, 2010년 11월호.

중국이 미국을 앞지르는 것은 시간문제?

21세기 중국이 국제사회의 관심을 끄는 이유는 그들의 경이적인 경제성장 때문이다. 중국이 오늘날 어깨에 힘을 주며 주변국들에 대해 과거 중화제국에 대한 예를 갖추라는 식의 태도를 보이는 것도 따지고 보면 중국이 경제적으로 강해졌기 때문이다. 중국이 못살 때 반패권주의라는 대단히 수세적인 외교노선을 취한 사실에 비추어 보면 공세적 외교의 원인을 알 수 있다. 과거 20년 동안 소련의 소멸, 유럽의 통합, 그리고 중국의 약진 정도가 국제체제 수준의 변화였으므로 중국경제는 변화된 국제관계와 중국의 위상을 이해하는 핵심 변수일 수밖에 없다. 중국의 군사력이 아직은 세계 수준에 이르지 못했다는 사실도 중국에 대한 평가에서 경제의 중요성을 확인시켜주고 있다.

다음의 통계를 보면 중국이 세계의 관심을 끌 만한 이유는 충분히 있다. 가장 놀라운 수치는 중국의 국내총생산(GDP)이다. 2010년 2분기 중국의 총생산은 1조 3,400억 달러를 기록, 1조 2,900억 달러에 그친 일본을 처음 추월했다. 중국경제의 팽창 속도와 일본의 경제적 위축을 감안하면 연말에는 중국이 약 5조 3,000억 달러, 그리고 일본이 5조 1,000억 달러의 연간 총생산을 기록할 것으로 보인다. 중국이 일본을 누르고 세계 2위의 경제대국이 되는 것이다. 일본은 지난 40년간 2위 자리를 유지했을 정도로 막강했다. 따라서 그 자리를 중국이 꿰찬다는 것은 누가 봐도 대단한 사건임에 틀림이 없다. 그밖에도 세계 톱 수준의 중국통계는 수두룩하다. 2009년 중국의 총 무역규모는 2조 2,200억 달러였다. 세계 최대의 통상국인 미국과 불과 4,000억 달러의 차이를 보일 뿐이다. 2010년 전반기 외환보유고 역시 2조 4,500억 달러를 기록, 2위인 일본을 거의 두 배로 앞서며 독보적인 1위에 올라 있다. 방대함의 상징인 중국의 가용 노동자 수는 무려 8억 1,200만 명이다. 미국을 포함한 지구상의 어떤 국가도 넘볼 수 없는 수준이다.

상기의 어마어마한 통계 수치는 활활 타오르는 중국에 대한 장밋빛 예측에 기름을 부었다. 2004년 미국의 유명한 투자은행 골드만삭스(Goldman Sachs)는, 2010년 중국의 경제규모가 일본을 추월한 것과 같이, 2030~2040년에는 미국을 추월하리라고 예측한 적이 있다. 하기야 연평균 10% 정도의 경제성장률을 복리로 30년간 계산하면 성장률이 3% 내외일 미국경제를 앞선다는 산술적인 계산은 충분히 가능하다. 국가의 물가수준을 감안한 계산법인 구매력평가(PPP, purchasing power parity)에 기초하는 경우 중국의 국내총생산은 2009년에 이미 8조 7,900억 달러를 기록하고 있다는 통계도 곧잘 활용된다..미국이 14조 달러 정도이므로 20~30년 갈 것도 없이 10년 이내에 미국을 따라잡는다는 시나리오도 퍼지고 있다. 2006년 미국 중앙정보국(CIA) 평가와 2010년 미국의 국제컨설팅회사인 프라이스워터하우스(PricewaterhouseCoopers) 예측이 대표적이다. 엄청난 규모의 통계와 무시 못할 기관의 예측은 불투명한 미래를 현실화시키는 마법의 역할을 했다. 지구촌, 특히 한국의 많은 사람들이 중국이 미국을 앞서는 것은 시간문제라는 인식을 갖게 된 이유이다.

등소평의 개혁개방 정책이 공식화된 것은 1979년이지만, 중국과 서방이 본격적으로 교류한 것은 1990년대 초반부터다. 그 이전은 도약을 위한 준비 기간이었다. 그렇다면 2010년을 기준으로 중국의 고도성장 기간은 20년 정도이고 2020년이면 30년인데, 그토록 빠른 기간에 과거 사회주의 최빈국이었던 중국이 아무 기반도 없는 상태에서 역사상 유례를 찾을 수 없는 초강국 미국을 앞선다는 것이 상식적으로 납득이 가는 일일까? '세상에 공짜는 없다'는 일상의 진리가 경제적으로는 '만만하고 쉬운 일은 하나도 없다'는 것을 뜻한다는 말로 일단 답변을 대신할 수 있을 것이다. 서두에 영국, 미국, 프랑스, 독일, 그리고 일본의 부흥 과정을 짧게 살펴보았다. 중국의 미래가 위와 같다면 과거 수백 년간 난다 긴다 하는 민족과 국가가 세운 기록을 불과 30여 년이라는 짧은 기간에 모두 갈아치우는 셈인데, 그렇다면 중국은 신(神)이 내린 국가인가? 만약 그래도 중국이 세계의 패권을 차지하는 수준에 이른다면 우리가 배운 사회과학 지식은 대폭 수정되거나 사실상 폐기되어야 할 것이다.

새로운 시대의 출현—서구의 약진

중국경제의 미래에 대해 부정적인 견해를 피력하는 경우, 그 반대 입장에 서 있는 이들이 꼭 들고 나오는 역사적 사례가 있다. 과거 중국은 세계의 중심이었고, 명나라 혹은 청나라 초기까지만 해도 세계 총생산의 최소 3분의 1 이상을 점유했던 세계적 초강국이었다는 것이다. 통계수치의 근거를 들은 적은 없다. 사오백 년 전에 국내총생산의 개념이 있을 리는 만무하므로 당연한 일일 수밖에 없다. 또한 당시의 국제화는 중국이 비단과 도자기 혹은 차를 뱃길과 육로를 이용하여 험난한 여정을 뚫고 서역과 교류하는 수준이었다. 물론 그 물량이 무시할 수준은 아니었지만, 그렇다고 오늘날의 세계화와 비교할 수는 없는 일이다. 그런데도 상기의 주장은 중국에 대한 과거의 콤플렉스, 경외심, 그리고 두려움 등과 어우러지며 많은 이들에게 공감을 얻고 있다.

나름 경제적으로는 계산이 가능하기에, 위의 통계가 허황된 것만은 아니라는 생각이 든다. 우선 사오백 년 전에는 중국이나 서구의 기술수준이 비슷했을 것이다. 경제 전문용어로는 '생산성(productivity)'이 같았다는 것을 의미한다. 경제의 어느 분야에서건 서구의 한 사람이 생산하는 양이나 중국인 한 사람의 생산량이 비슷했다는 말이다. 따라서 인구수를 계산하면 국내총생산은 간단히 산출될 수 있다. 자고로 고대국가 이후 어느 나라든 통치를 위해서 인구에 대한 정보는 필수적이었으므로 당시에도 인구통계는 존재했을 것이고, 그것을 비교하면 중국의 경제적 덩치를 계산하는 데는 별 문제가 없을 것이다. 하지만 지난날 중국의 부유함과 경제적 스케일에 기초하여, 역사는 반복되는 관성이 있으므로 중국의 방대함이 재현되는 것은 시간문제라고 하는 주장의 치명적 결함이 바로 여기에 있다.

우선 다음과 같은 질문을 해볼 수 있다. 2010년 현재 우리가 매일 사용하는 물건 중 그 기원이 청나라 혹은 조선인 것은 얼마나 많을까? 아마 거의 없을 것이다. 우리가 사용하는 전기, 각종 기계, 매일 잠을 자는 집, 입는 옷 등 대부분은 서양 사람들의 것이다. 특히 중국이 원천적으로 개발한 물건을 사용하는 경우는 거의 없다. 그렇다면 너무 당연하다고 생각하여 별로 느끼지 못했던 사실의 정치경제적 의미는 무엇일까? "우리는 과거와는 전혀 다른 세상에 살고 있다."고 답변할 수 있을 것이다. 뒤집어 보면 과거 중국의 강대함과 현재의 상황은 아무 관계가 없다는 것을 의미한다. 서양도 더 좁혀보면, 우리가 사용하고 있는 물건의 대부분은 원래 영국, 독일, 그리고 미국이 개발한 것들이다. 그런 역사적 사실의 정치경제적 의미는 또 무엇일까? 세 국가는 과거 약 200년 동안 세계의 패권을 다툰 장본인이었다. 그렇다면 우리는 왜 다른 세상에 살게 됐을까?

인간이 기계문명의 혜택을 받는다는 것은 자연을 활용할 줄 안다는 것을 의미한다. 자연의 자원을 자유롭게 활용하여 우리가 필요한 물건을 만들어 쓰는 것이다. 그렇게 되기 위해서는 자연의 이치를 알아야 한다. 이것을 우리는 과학이라고 부른다. 철은 어떤 성질을 지니며 왜 그런지, 중국인의 발명품이라는 폭죽에 불을 붙이면 어째서 공중으로 올라가고, 그 후 힘이 다하면 무슨 이유로 떨어지는지, 물이 0도 이하에서는 얼고, 100도 이상에서 증발하는 이유는 무엇인지 등 자연과 관련된 수많은 질문에 대한 논리적인 답이 있어야 한다. 즉, 원인-결과 분석(causational analysis)이 필요한 것이다. 서구에서도 1600년대가 되어서야 과학적 사고가 자리 잡게 된다. 그때 등장한 인물이 세계 과학사를 뒤집은 갈

릴레이(Galileo Galilei)와 뉴턴(Isaac Newton)이라는 두 천재였다. 이들의 공헌으로 인류는 처음으로 자연현상에 대해 체계적으로 이해하는 것이 가능해졌다. 한마디로 자연의 모든 현상에는 법칙이 있는데, 현상에 대한 원인을 확실히 규명하면 법칙을 알아낼 수 있다는 것이었다. 두 위대한 천재는 예외 없이 서양에서 출간된 과학사 서적의 첫 장을 장식하고 있다.

자연에 대한 이해가 가능해지자 자연을 활용하는 방법이 개발되기 시작했다. 노력이 축적되어 한꺼번에 봇물처럼 터진 것이 1700년대 영국에서 일어난 산업혁명이다. 바로 그 시점부터 과학은 경제학이라는 친구를 만나게 된다. 기계의 발명은 필요한 물건을 생산하는 데 우리의 손이나 조악한 수준의 도구 이외에 또 다른 유용한 수단을 사용할 수 있다는 것을 의미한다. 경제적 관점에서는 생산성의 가시적 향상이 현실화되는 셈인데, 더 많은 물건을 더욱 저렴하게 만들 수 있는 시스템이 인류 역사상 처음으로 등장했다는 사실을 의미한다. 바로 이 역사적 사실이 서구와 아시아를 완전히 다른 세계로 갈라놓았다고 보면 큰 무리는 없을 것이다. 반면 아시아의 사고는 철저히 경험에 의존하고 있었다. 폭죽이 올라가는 것은 뉴턴이 규명한 작용반작용 법칙에 따른 것이다. 하지만 중국 사람들은 자신이 발명한 폭죽이 올라가는 원인을 규명하지는 못했다. 단지 경험적으로 특정 양의 화약에 불을 붙이면 폭죽이 올라간다는 사실만을 알고 있었을 뿐이다. 서구인들이 자연의 원리를 가르쳐주기 전까지 아시아에서 원인-결과 분석은 거의 없었다. 그러니 자연을 자유자재로 활용할 수 있는 방법을 모르는 것은 당연한 일이다. 뒤집어 보면 과거 수천 년 동안 아시아인들은 사실상 가시적인 진보 없이 그대로 살았다는 사실을 알 수 있다. 현재 우리가 과거와는 거의 단절된 세상에서 살게 된 이유가 분명해진다.

위의 설명을 잘 살펴보면, 같은 연장선에서 서구의 경제발전이 기술의 진보에 기초하고 있다(technology-oriented)는 사실을 알 수 있다. 과학의 발전으로 기술이 진보하면서 생산성이 향상되었고, 그것에 기초하여 만들어진 값싸고 좋은 상품을 일반인이 소비하면서 생산은 증가하게 된다. 생산의 증가는 소득의 증대로 이어져 다시 한 번 소비를 촉진하게 되고, 그 결과 또 다른 새로운 상품이 만들어질 수 있는 것이다. 같은 과정이 반복되면서 경제는 성장하게 된다. 당시 경제성장의 순환 과정을 가장 잘 보장하는 제도가 시장원리에 기초한 자본주의였기에 자본주의는 서구의 경제체제로 자리 잡을 수 있었다. 누구나 알고 있는 인물이지만, 경제학의 아버지인 애덤 스미스(Adam Smith)가 산업혁명이 한

창 진행되던 1700년대에 한 일은 새로운 경제체제를 분석하고 설명하는 것이었다. 1776년에 출간된 그의 유명한 저서 『국부론(The Wealth of Nation)』에는 개인의 자유로운 경제활동과 시장원리에 기초한 개인의 이익 추구가 자본주의의 핵심 요소임을 보여주는 다음과 같은 언급이 있다.

"사람은 자신들의 이익을 추구함으로써, 사회 전체의 이익을 증진시키려고 의도적으로 노력하는 것보다 더 효과적으로 전체의 이익을 창출할 수 있다."

여기서 이익을 추구하는 무대가 시장임은 물론이다. 그렇게 보면, 과학의 발전, 기술의 진보, 그리고 자본주의는 한 방에서 다정하게 어깨동무를 하고 있는 친구 관계라는 사실을 알 수 있다. 하지만 다음에서 살펴볼 중국의 경제발전은 서구와는 다른 방식으로 이루어졌다.

중국의 경제개발 방식

등소평 시대 중국의 경제발전

등소평이 주자파(走資派)라는 것은 잘 알려진 사실이다. 여기서 주자파란 공산주의 국가에서나 나올 법한 용어인데, 공산주의의 근간은 유지하되 자본주의 요소를 가미해야 한다고 주장하는 사람들을 지칭한다. 외형상 공산주의를 경제운영 체제로 받아들인 국가에서 그런 주장을 했으니, 정치적으로 순탄할 수는 없었다. 주자파들이 종종 정치적으로 탄압을 받아 숙청된 이유가 바로 이것이다. 주자파에 칼을 들이댔던 모택동이 사망한 후 주자파를 대표하는 등소평이 등장한 것을 보면 그래도 중국은 운이 좋은 편이었다. 아무튼 1978년 12월 제11기 공산당 중앙위원회 제3차 전체회의를 통해 등소평은 실권을 쥐게 된다. 자본주의의 이점을 익히 알고 있던 등소평이 얼마나 과단성 있는 개혁을 했는지는 불과 7개월 후인 1979년 7월 '중외합자경영기업법(中外合

資經營企業法)'이 제정된 것을 보면 알 수 있다. 개혁개방을 공식화한 조치였는데, 한 마디로 중국을 대외적으로 개방하겠으니 외국이 투자하라는 것이었다.

등소평은 놀랍게도 위의 법령을 바탕으로 경제특구를 설치했다. 경제특구는 과거 한국의 수출자유지역 혹은 수출가공지역과 비슷한 것으로, 그곳에서는 외국자본의 유출입과 생산활동의 자유를 보장하겠다는 의도가 담겨 있는 장소이다. 홍콩에 인접한 심천(深圳), 마카오 권역인 주해(珠海), 화교를 가장 많이 배출한 지역으로 알려진 산두(汕頭)와 하문(廈門) 등 4곳이 선정됐다. 이 조치의 중요성은 시장원리에 의한 자유로운 경제활동과 이익의 창출이 가능하지 않다면 외국자본은 유치될 수 없다는 점을 등소평이 정확히 꿰뚫고 있었다는 사실에 있다. 하지만 죽(竹)의 장막으로 불리며 가장 폐쇄적이고 낙후된 공산주의 국가였던 중국에 투자를 하겠다고 선뜻 나서는 외국기업이 없었다는 것이 문제였다.

등소평은 돌파구를 중국민족과 같은 유전인자를 나눈 화교들로부터 찾았는데, 한마디로 피를 나눈 동포들이 중국에 투자하지 않으면 누가 하겠느냐고 설득했던 것이다. 투자 유인을 위해 화교자본을 위한 별도의 법령이 제정되었다. 1988년 '대만동포 투자장려 규정', 1990년의 '홍콩, 마카오 화교동포의 투자촉진 규정', 그리고 1994년 '대만동포 투자보호법' 등은 등소평의 행보가 얼마나 적극적이었는지를 보여준다. 그 결과 외국인 투자는 1992년 처음으로 100억 달러를 넘으며 본궤도에 진입하게 된다. 중요한 것은 1983년부터 1995년 사이 외국인 투자 중 67%가 화교자본이었다는 사실이다. 다시 말해 돈줄을 쥐고 있던 서방 국가들에게 중국이 투자적격 국가라는 사실을 확인시켜주는 역할을 화교자본이 한 셈이다. 중국에 투자해서 돈을 벌 수 있고, 또한 사회주의 체제이지만 돈을 뜯기지는 않는다는 확신을 심어주었던 것이다.

이후의 상황은 모두가 아는 바다. 서방의 자본이 본격적으로 들어갔는데, 놀라운 결과는 다음의 통계를 통해 알 수 있다. 중국에 대한 외국인 투자는 1992년 한 해 110억 달러를 기록한 후 계속 증가하여 2000년에는 거의 4배로 늘어난 410억 달러, 2008년에는 다시 두 배 증가한 924억 달러를 기록하고 있다. 1983년과 2008년 사이 외국인 투자의 누적 합계는 무려 8,500억 달러에 이르고 있다. 특히 최근 들어 1년에 1,000억 달러 정도가 투자된다는 사실을 통해 중국경제의 스케일을 짐작할 수 있다. 아무튼 서방 자본이 대규모로 투자되기 시작한 1990년대

초부터 중국경제는 연평균 10% 안팎의 경이적인 성장을 기록했다. 이상이 중국경제가 비약적으로 발전하게 된 정치경제적 배경이다.

수출주도형 압축성장의 비밀

위의 분석은 초기 중국이 외자의 유치와 생산의 확대, 그리고 생산품의 자유로운 수출 여건을 마련하기 위해 정성을 기울였다는 사실을 보여준다. 이러한 중국식 발전 모델을 전문용어로 지금은 대단히 익숙해진 '수출주도형 경제성장정책(export-oriented economic development)'이라고 한다. 물론 수출주도형 정책의 창시자는 대한민국이다. 수출주도형 정책을 역사상 최초로 입안, 성공시킨 국가가 한국임에는 틀림없으나 아이디어 자체는 한국산이 아니었다. 놀랍게도 미국의 아이디어였다. 그 배경은 대단히 복잡하지만 아무튼 수출주도형 정책과 유사한 생각이 처음 개진된 것은 이승만 대통령 말기인 1958년이었다. 한국과 미국 관리의 주도로 형성된 부흥부 산하의 경제개발위원회(Economic Development Council)와 한미경제기획위원회(Korean-American Economic Board)의

활동이 효시였는데, 위원회의 제안 중 핵심 내용은 경제의 안정화와 환율제도의 현실화였다.

여기서 경제의 안정화란 후진국 경제의 병폐인 재정적자와 뒤를 잇는 통화남발을 하지 말라는 것이고, 환율제도의 현실화란 외환 부족과 고정환율제의 결과인 통화의 고평가를 현실화하라는 것이었다. 정부의 재정 및 통화정책이 건전하지 않으면 외국의 투자 혹은 차관이 들어오지 않을 것이며, 환율이 고평가되면 상품 값이 비싸져 외국에 수출을 할 수 없다는 의미였다. 수출주도형 정책이 왜 여기서부터 연유되었는지를 알 수 있는 대목이다. 하지만 이승만 대통령 시절 여러 가지 정치경제적 이유로 정책은 실행될 수 없었다. 후일 같은 아이디어를 받아들여 실천한 인물이 바로 박정희 대통령이다. 1964년 5월 미화 1달러에 130원 하던 한화의 환율은 250원으로 평가절하 되었다. 역사는 이 조치를 인류역사상 최초로 수출주도형 정책이 시행된 원년으로 기억하고 있다. 이승만 대통령 때와 흡사하게 1965년 미국의 원조전문위원과 한국의 고위 경제관리들로 구성된 공동수출개발위원회(Joint Export Development Committee)가 설립되면서 정책을 주도하게 된다. 외국인 투자의 활성화를 위해 마산 등에 수출자유지역이 조성된 것은 물론이다.

여기서 등소평의 조치는 사실상 한국의 모델을 그대로 답습하고 있다는 사실을 알 수 있다. 단지 차이가 있다면 한국의 경우는 주로 미국이 주선한 외국의 차관을 통해 자본을 조성하였고, 중국은 외국인 직접투자를 받아들이며 필요한 자본을 조달했다는 사실이다. 아무튼 경제정책에 관한 한 우리가 스승인 이유를 알 수 있는 대목이다. 정책의 기본 아이디어가 미국으로부터 나왔다는 사실을 중국 사람들이 알고 있는지 궁금할 따름이다.

지금부터는 위의 경제개발 전략이 왜 서구식 경제발전과 차이가 나는지를 알아보기로 한다. 경제의 생산요소는 네 가지로 구성되어 있다. 노동, 토지, 자본, 그리고 기술이 그것인데, 기계적으로 생각해도 생산요소가 투입되고 제대로 관리만 되면 산출은 있게 마련이다. 경제의 투입-산출 원리를 수출주도형 정책에 투영해 보면 다음의 결과를 얻을 수 있다. 우선 저개발경제의 경우 임금은 대단히 쌀 것이므로 노동을 투입하는 데는 애로가 없을 것이다. 토지의 경우도 흡사하다. 대부분이 농지일 것이므로 싼 값에 토지를 조성하는 것 또한 별 문제는 없다. 자본이 문제인데, 중국은 외국의 투자, 한국은 차관을 통해 문제를 해결했다. 마지막으로 기술은 가지고 있지 않지만 별로 문제될 것은 없다. 가발, 운동화, 옷 등의 생산을 위해 간단한 기계를 외국으로부터 사오든가, 아니면 복제하면 되기 때문이다.

여기서 저개발 경제를 띄우는 핵심 요소는 결국 자본이라는 사실을 알 수 있다. 등소평이 외국자본의 유치를 위해 두발 벗고 뛴 이유가 설명된다. 문제는 그렇게 만들어진 상품을 국내에서는 소비할 수 없다는 사실이었다. 내국인들의 소득 수준이 워낙 낮아 소비가 불가능한 것이 이유이다. 따라서 외국 소비자에 의존할 수밖에 없는데, 생산된 물품을 주로 외국에 수출한다는 의미에서 수출주도형 정책이라고 부르는 것이다. 여기서 서구의 발전 패턴과는 근본적인 차이를 하나 발견할 수 있다. 서구의 경우 국내에서 부족한 소비를 외국에서 찾은 적은 없기 때문이다. 그토록 다른 점은 무역에 대한 인식의 차이로 나타난다. 애덤 스미스를 비롯하여 특히 초기의 영국 경제학자들 눈에 비친 무역의 장점은 수입이었다. 우리나라에서 생산되지 않는 물건, 혹은 가격이 비싼 물품을 수입함으로써 국민복리의 증진, 즉 더 좋고 싼 물건의 사용이 가능하다는 것이었다. 여기서 수출은 수입에 필요한 돈을 벌기 위한 수단이었다. 따라서 바람직한 무역패턴은 수입과 수출이 균형을 이루는 것이었다. 물론 수출을 통해서 돈을 버는 것은 사실이지만 그것만이 수출의 목표는 아니었다.

중국 경제발전 전략의 예외성

이는 중국이 수출에 목을 매고 있는 것과는 전혀 다른 양상임을 알 수 있다. 서구의 시각에 비추어 보면 수출주도형 정책은 불균형 성장이다. 다시 말해 저개발 경제의 한계와 생산요소의 부재를 극복하기 위한 궁여지책인 셈이다. 다음의 통계는 불균형의 정도를 보여주고 있다. 국내총생산에서 수출입을 합한 총 무역액이 차지하는 비율을 무역의존도라고 하는데, 금융위기의 파고가 들이닥치기 직전인 2008년 중국은 75%의 의존도를 기록했다. 반면 같은 해 미국과 일본의 의존도는 각각 23%와 32%에 불과했다. 또한 국내총생산에서 소비가 차지하는 비율 역시 미국의 경우 71%인 반면, 중국은 그 반에 불과한 35%에 머무르고 있다. 중국의 국내소비가 여전히 부진하다는 것이므로 수출주도형 정책의 정의(국내소비 부진)가 그대로 맞아 떨어진다는 사실을 알 수 있다. 중국이 왜 그토록 환율인하(평가절상)에 저항하는지를 알 수 있는 대목이다. 미국의 요구대로 위안화가 평가절상 되면 경제성장의 견인차인 수출이 부진해질 것이고, 경제성장률의 저하와 실업의 증가가 뒤를 잇기 때문이다.

여기서 바로 압축성장의 비결을 알 수 있다. 서구의 경우 기술의 진보가 상품 생산과 소비를 이끌었으므로 기술이 개발되는 것만큼 소비가 촉진되었다는 것을 알 수 있다. 기술개발은 장시간을 두고 천천히 이루어지는 것이므로 소비 또한 순식간에 늘어날 수는 없는 일이다. 이것이 바로 서구경제가 수백 년을 두고 연평균 수 퍼센트의 수치를 기록하며 천천히 성장한 이유이다. 현재 선진국은 고가의 임금 때문에 노동 집약적 상품을 저가로 생산하는 것이 불가능하다. 따라서 수입에 의존해야만 하는데, 이렇게 보면 중국은 이미 선진국의 방대한 저가 시장을 안고 출발했음을 알 수 있다. 소비에 걱정이 없으니 더 많은 상품을 생산하면 그만이고, 그것을 위해 더 많은 생산요소를 투입하면 되는 것이다. 중국의 비약이 투입(input) 중심의 경제성장에 기초하고 있고, 그 결과가 연평균 10%의 압축 고속성장임을 알 수 있다. 서구의 발전 모델로는 설명하기 힘든 상황이 전개되고 있는 셈이다. 아무튼 중국의 경우 막대한 외국인 자본, 방대한 영토, 그리고 8억이 넘는 가용 노동력이 한꺼번에 투입되고, 여기에 10% 내외의 고성장이 더해지자 일본을 따라잡을 정도의 급팽창이 이루어지는 것이다. 간단히 말해 투입(input)이 많으면 산출(out) 또한 많은 법이다.

영국의 경제발전사는 말할 것도 없고 후발 주자였던 독일을 살펴보면 중국이 추구하는 경제발전 전략의 예외성을 확인할 수 있다. 비스마르크에 의해 이루어진 통일 이후 본격적으로 불붙기 시작한 독일의 경제성장은 결코 외국시장에 가시적으로 의존한 적이 없었다. 그것은 기술의 진보가 이루어지며 끊임없이 국내수요가 창출되었다는 것을 의미한다. 20세기를 전후한 시점부터 제2차 세계대전이 끝날 때까지 독일의 자연과학이 사실상 세계를 석권했다는 점은 당시 독일의 기술개발이 어떻게 이루어졌는지를 잘 보여주고 있다. 같은 맥락에서 독일은 현재도 미국과 경쟁할 수 있는 유일한 기술 강국으로 군림하고 있다. 그렇게 보면 중국이 그토록 신봉하고 있는 수출주도형 경제발전전략은 어떤 의미에서는 다소 기형적인 정책임을 알 수 있다. 역설적으로 국제경제적 관점에서 역사상 중국만큼 자유무역의 혜택을 많이 입은 나라도 드물 것이다.

소련과 아시아 네 마리의 용, 그리고 일본의 경우

서구에서는 찾아볼 수 없는 단시간의 압축 고도성장은 세계인을 현혹시키기에 충분했다. 마치 한국 사람들이 한국과 중국의 긴밀한 경제관계와 중국 지도자들의 화려한 화술에 매료되었듯이 말이다. 욱일승천하는 특정의 경제가 미국을 따라잡을 것이라는 예측은 어제오늘의 일이 아니다. 20세기 초 서유럽 국가들이 민주·자본주의에 기초하여 지속 가능한 발전을 영위하던 시절에도 러시아는 전제군주제에 시달리며 후진 경제를 면치 못하고 있었다. 공산주의 혁명이 최초로 일어난 것을 보면 당시의 상황을 짐작할 수 있다. 또한 두 차례의 세계대전에 휘말리며 고생이란 고생은 다한 소련이므로 오랫동안 세계인의 주목을 받을 수는 없었다. 하지만 미국이 원자폭탄을 개발한 지 얼마 지나지 않아 같은 무기를 만들었고, 흐루쇼프(Nikita Khrushchov) 시대인 1957년에는 서방은 꿈도 꾸지 못했던 스푸트니크(Sputnik)라는 인공위성을 발사하게 된다. 제2차 세계대전이 끝난 지 불과 10여 년 만에 일어난 일들이다.

서방경제의 잣대로 소련의 발전을 정확히 계측하기는 힘들지만 적어도 경험상 그와 같은 고도의 기술은 탄탄한 경제적 뒷받침 없이는 불가능한 것으로 비쳐졌다. 그렇다면 소련이 서방을 앞지른 것이 아니냐는 질문이 당연히 나올 수밖에 없는데, 대표적으로 후버(Calvin Hoover)와 같은 미국의 경제전문가는 당시 소련의 경제성장률이 서방에 비해 2배 이상, 미국보다는 3배 정도 앞서고 있다고 진단한 바 있다. 추세가 그렇다면 소련이 미국을 앞서는 것은 시간문제라는 계산이 나오지만, 예측과는 달리 브레즈네프(Leonid Brezhnev) 시대를 정점으로 1980년 이후부터 소련은 갑자기 쇠락하게 된다. 최후의 지도자인 고르바초프(Mikhail Gorbachev) 시대의 소련이 어느 정도 궁핍했는지는 모두가 아는 사실이다. 아무튼 난리를 피우던 서방 전문가들의 소련 웅비론은 보기 좋게 빗나갔다.

동아시아의 약진에 대해서도 극찬이 쏟아진 적이 있다. 한국을 비롯하여 동아시아의 기적을 견인한 네 마리 용(four dragons)의 경우 1960년대부터 1980년대까지 연평균 10% 안팎의 경제성장률을 기록했기 때문이다. 여기서 연평균 10%의 성장이 중국만의 독점물은 아니라는 사실을 알 수 있다. 아무튼 서구 자본주의에서는 찾아볼 수 없는 기적의 수치였다. 소련이 한참 잘나갈 때 사회주의체제가 더 우월한 것이 아니냐는 주장이 고개를 든 것과 비슷하게 이번에는 유교 자본주의의 우수성에 현혹되었다. 서구보다도 근면하고, 자유를 어느 정도 희생하는 대신 일관된 명령체제를 지니고 있으며, 교육을 우선시하는 전통으로 무장한 동아시아의 독특한 문화가 기적의 원천으로 인식되었다.

일본의 경우는 네 마리 용과는 달리 이미 20세기 초반부터 현대화의 과정을 경험했고, 오래전에 선진국에 진입한 후 1980년대 말 이미 전성기를 맞고 있었다. 국내총생산이 초강국 미국의 3분의 2에 육박할 정도로 강성했으므로 다른 동아시아 국가들과는 사정이 다른 것은 사실이다. 하지만 일본 역시 유교적 전통에 기초한 동아시아 경제발전의 상징이었음은 부인할 수 없다. 소련의 경우와 비슷하게 1963~1973년의 경제성장률이 유지되는 경우 1998년에는 일본의 국내총생산이 미국의 그것을 앞설 것이라는 구체적인 시나리오가 제시된 적이 있다. 한마디로 세계경제의 중심이 동아시아로 이동한다는 주장에는 큰 이견이 없는 듯했다. 하지만 1990년 이후 동아시아 국가들의 경제성장은 둔화되었다. 기적의 챔피언인 일본의 쇠락이 가장 두드러졌는데, 2010년 현재 일본의 국내총생산은 미국의 3분의 1 정도에 지나지 않는다. 예측이 또 한 번 빗나간 셈이다.

여기서 기술 중심의 경제성장을 한 서구를 살펴보면 쇠락의 이유를 알 수 있다. 앞서 살펴본 바와 같이 서구는 기술의 발전이 먼저 이루어진 후 다른 생산요소들이 결합되는 방식으로 경제가 발전했다. 지식과 기술의 진보에 기초한(technology-based) 질적인 균형성장을 의미하는데, 중국식의 투입 중심 경제발전과는 다른 개념임을 쉽게 알 수 있다. 여기서 중요한 것은 기술 중심의 발전이 곧 생산요소의 단위당 산출의 증대, 즉 생산성의 증가에 기초하고 있다는 사실이다. 즉, 기술의 진보가 계속 이루어져 생산성이 증가하는 한 경제성장은 지속되는 것이다. 이것이 바로 과거 약 200년간 서구가 번영한 이유이다. 논리를 뒤집어 보면 생산성의 향상이 이루어지지 않으면 이익의 창출이 어려워지면서 경제성장이 느려지거나 정체된다는 것을 의미한다. 원리를 중국식의 투입 중심 경제성장에 대입해 보면, 과거에는 저렴했던 임금을 비롯한 (생산)요소비용이 경제발전으로 인해 상승하는 경우 그것을 상쇄할 수 있는 새로운 기술이 투입되지 않으면 생산성 저하 때문에 이익의 창출이 힘들어진다는 결론을 얻을 수 있다. 당연한 결과로 경제성장은 둔화 혹은 정체될 수밖에 없다. 이 현상을 전문용어로는 '수확체감(diminishing return)의 법칙'이라고 한다. 아무튼 기술의 끊임없는 진보가 지속적인 경제성장의 핵심 요소임을 알 수 있다.

상기의 내용을 소련과 동아시아에 대입해 보면 경제가 급속히 팽창한 후 급작스레 수축되는 현상을 이해할 수 있다. 소련과 동아시아 모두는 투입 중심의 경제성장에 기초하고 있었다. 소련은 사회주의 독재의 특징인 권력에 의한 동원(mobilization)이 가능한 체제였다. 생산요소의 대규모 투입에는 별 문제가 없었음을 알 수 있는데, 그렇다면 기술 분야는 어떠했을까? 인공위성을 미국보다 먼저 쏘아 올린 소련의 기술은 투입 중심 성장의 결정적 약점인 기술의 부재 현상과는 거리가 멀어 보인다. 하지만 소련의 기술개발은 서구와는 전혀 다른 양상을 띠고 있었다. 다른 모든 분야를 희생한 채 정부가 주도하여 군사기술에 집중적으로 투자했기 때문이다. 미국의 경우 군사기술의 약 80% 정도는 민간부분에서 원용된 것이다. 민간기술의 일차적 목적이 상업화를 통한 이익의 창출이라는 점을 감안하면, 놀랍게도 서방의 군사력은 부를 창출하며 증강되었다는 사실을 확인할 수 있다. 반면 소련의 기술은 군사 분야에만 집중되었으므로 보편적인 기술의 발전이 가져다주는, 균형 잡히고 지속 가능한 성장과는 거리가 먼 기형적인 것이었고, 또한 서구와 같이 새로운 부를 창출하는 것도 아니었다. 이득(return)이 창출되지 않는 무한의 지출이라는 형태를 띠고 있었던 셈이다. 능력에 비해 돈을 많이 쓰면 망하는 법이다.

동아시아의 경우 서구와 비견될 수는 없지만 외형적으로는 자본주의 체제를 유지하고 있었으므로 공산주의 국가와는 상황이 달랐다. 하지만 생산요소를 정부 주도하에 동원한 것은 사실이고, 일본을 제외하고는 기술에 있어서도 유럽에 속해 있던 소련보다는 훨씬 낮은 수준에서 출발한 점 또한 부인할 수 없다. 여기서 기술은 수입에 의존하였고, 자본 역시 외국의 투자 혹은 차관으로 조성되었으므로 생산요소의 투입에는 별 문제가 없었다. 바로 이 투입이 계속 증가하자 산출도 늘어나면서 급속한 경제성장이 이루어진 것이다. 하지만 요소비용의 상승을 상쇄할 수 있는 새로운 기술이 제공되지 않는 경우 수확체감의 덫은 피할 수 없는데, 1990년을 전후하여 이 현상이 가시화된 것으로 볼 수 있다.

일본의 경우 저개발국의 성장과는 수준이 다르지 않느냐는 반론도 가능하다. 하지만 기초과학에 뿌리를 둔 원천기술의 확보 및 창의성의 개발에서는 서구에 비해 여전히 열세를 보이고 있는 것이 사실이므로, 동아시아의 다른 국가들보다는 더 높은 수준에서 상기의 법칙에 걸렸다고 이해할 수 있을 것이다. 일본만큼 제조업에 집착한 나라는 없었다. 1990년을 전후한 전성기에는 지구촌 최강의 제조업 국가로 군림하며 세계를 집어 삼킬 것 같은 위세를 과시한 적도 있다. 하지만 서비스 사업을 등한시하며 제조업에 안주한 결과, 즉 더 좋은 기술의 개발과 창의적인 상품의 개발에 뒤처지면서 오늘의 침체를 맞게 되는데, 다음의 통계를 통해 실상을 알 수 있다. 와세다 대학 노구치 유키오 교수가 내놓은 1970년 이후 일본 소비자 물가지수 분석에 따르면 2008년 브라운관 TV 값은 1970년의 9%에 불과했다. 그 밖의 공산품 가격의 평균치도 1970년에 비해 10분의 1밖에 되지 않는다. 하지만 같은 기간 서비스 가격은 약 5배 상승하였다. 수확체감의 법칙에 걸렸음을 알 수 있는 대목이다.

중국의 경제가 직면한 딜레마

수확체감의 법칙

값싼 노동력과 저렴한 토지의 공급이 가능한 중국의 상황에서 막대한 규모의 외국자본의 유입은 투입 중심의 경제성장을 유발하기에 충분했다. 기술은 문제가 되지 않았는데, 워낙 저급한 물품을 생산했기 때문이다. 흥미로운 점은 중국에 대한 투자가 가시적으로 활성화된 1990년대 초반이 네 마리 용 및 일본의 침체와 시기적으로 일치한다는 사실이다. 동아시아 국가들이 수확체감의 법칙 때문에 서방의 관심을 더 이상 끌지 못하는 가운데, 저가 상품의 생산기지가 필요했던 선진국의 수요를 새롭게 충족시킬 수 있는 대안으로 중국이 선택되었다는 사실을 알 수 있는 대목이다. 바로 이것이 중국의 성장이 창의적인 것이 아니라 다른 국가의 성장을 빼앗아 온 것에 불과하다는 평가를 받는 이유이다.

다른 동아시아 국가와 다른 점은 방대한 영토, 거의 무한에 가까운 값싼 노동력, 그리고 대규모의 외국인 투자였다. 앞서 살펴본 외국자본의 유입 이외에 투입을 배가시키는 조치가 중국정부 주도로 다시 한 번 이루어졌는데, 상상을 초월하는 높은 저축률이 그것이다. 투자가 가시화되기 시작한 1990년 이래 국가 저축률이 40% 이하를 기록한 적이 없을 정도이고, 2009년에는 52%라는 높은 수치를 보이고 있다. 1988년 당시 세계 1위에 올라선 한국의 저축률 25.2%의 두 배에 해당하는 높은 수치이다. 특히 2000년대 미국의 평균 저축률이 3.2%라는 사실에 비추어 보면 중국의 저축이 얼마나 비정상적인 것인지를 알 수 있다. 여기에 가용 노동력 8억 1,200만 명이 더해지는 경우 투입의 규모가 어느 정도인지는 쉽게 짐작할 수 있을 것이다. 인류 역사상 25년의 기간에 그토록 많은 자본과 노동이 한꺼번에 집중적으로 투입된 적은 없었다.

투입이 워낙 많다 보니 산출이 엄청난 것은 당연한 일인데, 여기에 이미 역사적으로 검증된 연평균 10% 내외의 폭발적인 경제성장이 더해지면서 중국의 모습이 오늘날과 같이 변하게 된 것이다. 투입은 과거 소련과 네 마리 용처럼 국가 주도의 동원에 의해 이루어졌다. 그런데 사회주의 국가답게, 다른 동아시아 국가들이 과거 그랬던 것보다는 그 정도가 훨씬 심하다는 것이 문제다. 중국의 저축률이 그토록 높은 것은 개인의 소비가 절제된 결과이기도 하지만, 많은 경우 국가 소유인 중국기업의 높은 저축률에 기인하는 바가 크다. 따라서 사회주의 경제에서만 가능한 현상임을 알 수 있다. 앞서 소개한 바와 같이 국내총생산에서 소비가 차지하는 비율이 미국 71%, 중국 35%라는 통계는 국가 주도의 왜곡 성장이 어느 정도인지를 보여주고 있다. 바로 이 점이 중국의 경우 소비 중심의 서구식 성장이 아닌 과거 소련식의 투입 중심 성장을 지속하고 있다는 주장의 근거이다.

요컨대 중국이 과거 동아시아 국가들보다도 오히려 더 왜곡된 불균형 성장을 지속하고 있다는 사실을 확인할 수 있다. 여기에 저개발 경제발전의 또 다른 비밀이 하나 숨겨져 있는데, '현재의 희생'이 그것이다. 미래의 이득을 위해 현재의 만족을 희생한다는 의미에서 최근 노벨상을 수상한 크루그먼(Paul Krugman)은 투입 중심의 압축성장을 '후일 보상(deferred gratification)'을 담보로 한 경제발전이라고 비꼬고 있다. 중요한 것은 서구의 역사에서는 상기의 현상이 존재하지 않는다는 사실이다. 또한 언제까지 희생만을 강요할 수도 없는 일이다. 이는 뒤집어 희생을 더 이상 감수하지 않는 경제 환경이 조성되거나 희생을 거부하는 새로운 세대가 등장하는 경우, 경제는 수확체감의 법칙에 걸린다는 사실을 의미한다. 고속 성장기 한국의 저축률은 줄곧 세계 수위를 다투어왔다. 하지만 OECD에 가입하면서 금융시장이 개방되고 과거 고난의 세대를 대신하여 새로운 물질세대가 등장하면서 상황은 급변했는데, 2009년 현재 저축률은 5%로, OECD 국가의 평균치인 8.5%에 훨씬 못 미치는 하위권에 속해 있다. 결과는 물론 경제의 저성장이었다.

생산요소 비용의 상승이 있는 경우 수확체감의 법칙을 유발한다는 사실은 앞서 소개한 바와 같다. 여기서 핵심 변수는 역시 임금일 수밖에 없는데, 가처분 소득과 국내소비를 결정하는 핵심 요인이기 때문이다. 경제가 성장하면 개인소득은 당연히 증대되지만 생산요소적 측면에서 이는 곧 임금의 상승을 뜻한다. 또한 20~30년이라는 기간은 노동세대의 변화를 수반할 수밖에 없다. 과거보다는 더 개명되고, 상대적으로 유복하게 자란 개인주의적인 세대가 노동시장의 중심에 서게 되는 것이다. 당연히 노동에 대한 인식이 바뀌면서 노동시장 구조가 변하는 현상은 피할 수 없게 된다. 여기에 노동조합이 형성되어 노동자들의 분산된 힘이 하나로 모아지게 되면 가시적인 임금인상은 불가피해진다.

기본적으로는 사회주의 체제를 유지하고 있는 중국조차도

이러한 경제법칙을 비껴가지는 못하고 있다. 2010년 광둥성 소재 외자기업인 폭스콘에서 노동조건에 대한 불만이 표출되어 12명이 사망한 것을 시작으로, 혼다자동차의 여러 부품공장과 성우하이텍에서 파업이 이루어지면서 노동쟁의 시대가 본격적으로 열리고 있기 때문이다. 사태는 15~70%의 임금인상이라는 대가를 치르고 마무리되었다. 중국의 노동인구 구성을 통해 그 원인을 알 수 있다. 1979년부터 시행된 1가구 1자녀 정책으로 도심의 근로자는 많은 경우 농촌으로부터 유입된 농민공(農民工)으로 채워졌다. 그런데 농민공 중 67%는 1980년대 이후 출생한 신세대이다. 정시에 퇴근하여 여가를 즐길 줄 아는 세대가 주류가 된 셈인데, 따라서 과거와 같이 미래의 부를 위해 현재의 희생을 강요할 수는 없게 된 것이다.

심천(深圳)과 같은 주요 공업지대의 임금은 지난 10년 동안 2~3배 상승하였다. 베트남 수도 하노이의 제조업 월 평균 임금이 96달러인 데 반해, 북경이 287달러를 기록하고 있는 것을 보면, 중국에서 일정 수준의 숙련공인 경우 매우 낮은 임금 단계는 이미 지나고 있음을 알 수 있다.

노동시장의 또 다른 요인인 연령 구성비율도 투입 중심의 경제성장에 어두운 그림자를 드리우고 있다. 1985년에는 총 노동인력 중 15~29세의 비율이 47%였지만, 2030년이 되면 26%로 거의 반토막이 나게 된다. 나아가 2035년에는 65세 이상의 고령 인구가 무려 2억 8,000만 명으로 늘어난다. 사회가 급속히 고령화되는 것이다. 스케일이 큰 국가인 만큼 인구분포의 변화도 다른 국가와는 비교조차 할 수 없는 엄청난 규모임을 알 수 있다.

중국의 고도성장, 반드시 꺾인다

상황이 이러함에도 중국이 지속적으로 성장할 것이라는 주장이 가능할까? 중국이 신이 내린 국가가 아닌 이상 수확체감의 법칙을 피해 갈 수는 없는 일이다. 물론 모든 난관을 극복하는 방법이 없는 것은 아니다. 수확체감률을 상쇄하는 수준으로 노동생산성이 증가하면 되지만, 불행히도 그것은 더욱 어려운 일이다. 서구의 기술발전 역사를 통해 기초과학의 진흥 없이 새로운 기술개발은 불가능하다는 사실이 증명되었기 때문이다. 하지만 현재까지 동아시아에서 과거에는 없던 획기적인 신기술이 개발된 적은 거의 없었다. 같은 맥락에서 2008년 한국의 교육과학기술부 통계는 충격 그 자체이다. 세계 최고기술 364개 가운데 중국은 말할 것도 없고, 외형적으로는 일본과 경쟁 중인 한국의 것 역시 단 1건도 없기 때문이다. 74%인 270건을 미국이 가지고 있고, 그나마 최고 수준인 일본의 경우도 34건에 그치고 있다. 중국이 한국보다 기술이 뒤져 있다는 사실을 부인하지 않는 한, 한 마디로 중국이 끼어들 여지가 전혀 없는 셈이다.

과학기술이 발전하려면 우선 사회가 자유화되어야 한다. 자유로운 사고와 정보의 자유를 보장할 수 없는 사회가 과학을 발전시킬 수는 없기 때문이다. 아울러 다양성, 그리고 논리식 사고와 교육이 일상화되어야 한다. 이 모든 것이 17세기 자연과학이 뿌리내리기 시작하던 영국의 조건이었다. 1600년대에 왕권을 제한하며 현대 의회 민주주의의 토대를 제공한 권리청원(Petition of Rights, 1628)과 권리장전(Bill of Rights, 1689)이 영국에서 모습을 드러낸 것이 우연일까? 그럴 리가 있겠는가. 앞서 과학의 발전, 기술의 진보, 그리고 자본주의는 한 방에서 다정하게 어깨동무한다고 설명한 적이 있다. 이 말은 세 변수의 발전이 동전의 앞뒷면과 같이 서로 연관되어 있다는 것을 의미한다. 여기서 어깨동무를 하려면 팔과 같은 연결고리가 있어야 할 것이다. 연결고리는 물론 의심의 여지없이 '자유(freedom)'라는 익숙한 단어이다. 자유로운 사고가 보장되어야 과학과 기술의 진보가 가능하고, 자유로운 경제행위가 보장되어야 경제발전이 가능하기 때문이다. 자유를 정치 분야로 확대하면 민주주의가 모습을 드러낸다. 요컨대 사회발전의 핵심 변수들은 서로 뗄 수 없는 관계를 형성하고 있는 셈이다.

한국과 일본은 그래도 그런 사실을 깨닫고서 사회를 자유화하면서 논리식 교육을 강조하고 있고, 같은 연장선상에서 입시제도를 개편하기 위해 힘쓰고 있다. 하지만 현재까지 뚜렷한 성과가 있었다는 증거는 찾기 힘들다. 과연 중국인들은 그런 사실을 인지하고 있을까? 한국과 일본이 어느 정도는 성공적으로 창출한 자유로운 사회는 곧 민주화를 의미한다. 여기서부터 중국의 문제는 또 다른 차원의 분석을 필요로 한다. 경제적 분석의 한계를 뛰어넘어야 하는 것이다. 바로 이 점을 분석하는 것이 과거 약 400년 서구가 발전시킨 정치학의 방법론이다. '과연 중국은 13억 국민이 자유로이 자신의 의사를 표출하는 가운데, 그것을 하나의 힘으로 묶을 수 있는 정치체제를 만들 수 있을까?' 하는 질문으로 문제의 심각성을 일단 지적하고, 자세한 설명은 뒤로 미루기로 한다.

그렇다면 중국의 고성장이 꺾이는 시점은 언제쯤일까? 한국의 경우 1987년 국민들의 자력에 의해 민주화 운동이 가시화되었고, 그 결과 1988년 민주정부가 탄생하였다. 당시 1인당 국민소득은 3,320달러였는데, 흥미로운 점은 얼마 지나지 않은 1992년부터 연평균 10% 안팎의 고성장 기조가 꺾이면서 6~7% 성장률의 시대가 열렸다는 사실이다. 1995년에는 소득이 처음으로 1만 달러를 돌파했고, 이듬해인 1996년 OECD에 가입하면서 경제는 가시적으로 자유화되었다. 하지만 그 충격은 1997년 외환위기로 나타났는데, 이후 연평균 3~5%의 저성장 기조가 현재까지 이어지면서 국민소득 2만 달러 고지를 오락가락하고 있다. 여기서 중요한 것은 민주화, 경제의 자유화, 그리고 고성장 기조의 퇴조 현상 등이 비슷한 시기에 함께 나타났다는 사실이다.

한국의 경우 1964년 수출주도형 정책을 본격적으로 시행한 후 1992년까지 다소의 굴곡은 있었으나 연평균 10% 내외의 성장률을 유지했으므로 햇수로는 대략 25~30년 정도 고성장이 이어진 셈이다. 1990년대부터 고속성장을 했다고 보면, 중국은 현재까지 약 20년간 고성장을 유지하고 있다. 전후 대규모 장치산업을 성공적으로 발전시킨 유일한 사례인 한국에 비추어, 향후 5~10년에 중국이 전환점을 맞게 될 것이라고 예측해 볼 수는 있다. 하지만 시기에 대한 예견보다 더욱 중요한 것은 중국경제가 한풀 꺾이는 전조는 알 수 있다는 사실이다. 수출과 밀접하게 연계되어 있는 위안화가 가시적으로 평가절상되거나, 한국이 예전에 경험한 바와 같이 대규모 장치산업의 과잉투자가 수요처를 찾지 못해 불황으로 빠져들거나, 아니면 천안문 사태 전과 같이 인플레이션이 가시화되거나, 혹은 현재 거품이 끼어 있는 중국의 자산시장이 붕괴되는 경우가 이에 해당하는데, 저개발 상태의 중국경제가 감내하기에는 충격이 너무도 클 것이기 때문이다.

비교우위의 원리

인간이 경제적으로 잘사는 방법은 놀랍게도 두 가지밖에 없다. 하나는 서구의 발전이 보여주듯 새로운 기술이 개발되는 경우이다. 기술개발이 지속되는 한 경제는 계속 성장할 것이고, 그 결과 인간의 복리는 증진된다. 하지만 이것만이 다는 아니다. 진보가 없어 기술 수준이 일정하다고 하더라도 기존의 생산 양식에 변화를 주면 인간은 잘살 수 있다. 대표적인 것이 분업이다. 앞서 소개한 아담 스미스가 생산성의 향상 방법으로 가장 강조한 것이 바로 분업인데, 다음의 예를 통해 그 효용성을 알 수 있다. 아담 스미스는 핀을 만드는 공정에 관한 유명한 사례를 그의 저서

『국부론』에서 소개하고 있다. 핀의 모든 공정을 한 사람이 수행하는 것보다 기술적으로 분리가 가능한 18개 공정으로 작업을 나누는 경우 같은 수의 노동자가 일해도 생산량은 무려 240배 증가한다는 것이다. 기술이 같다는 조건하에서도 생산방식에 변화를 주면 상상을 초월하는 생산성 향상을 기할 수 있는 셈이다. 바로 이 원리를 이용, 자동차의 생산방식을 획기적으로 변화시켜 자동차 값을 일반인들이 살 수 있는 수준까지 낮춤으로써 미국의 자동차 시장을 석권한 인물이 포드(Henry Ford)라는 사실은 누구나 아는 바이다.

아무튼 같은 기술 조건에서 같은 노동자가 일하는 데도 더 많은 물건이 생산된다는 것은 곧 상품가격의 하락을 의미한다. 일반 소비자의 입장에서는 과거보다 싼 값에 더 많은 물건을 사용할 수 있으므로 더욱 잘 살게 되는 것이다. 같은 원리를 대외적으로 확장한 것이 국제무역이다. 우리나라에서 생산하는 것보다 더 싸게 많이 특정의 물건을 생산할 수 있는 나라는 그 물건의 생산에 집중하고, 우리나라는 그들의 상품을 수입하면 된다. 반대로 우리는 다른 국가보다 더 잘 만들 수 있는 물품에 특화하여 그것을 역으로 수출하면 된다. 어찌 보면 간단한 것처럼 보이지만, 무역의 그러한 특징을 상대주의 가치관에 기초하여 이론화시

킨 것이 그 유명한 '비교우위의 원리(comparative advantage principle)'
이다. 임금이 최저 수준이면서 기술이 낙후됐던 중국이 왜 세계
적인 무역국가로 발돋움할 수 있었는지를 알 수 있는 대목이다.
우리가 흔히 사용하는 일용 잡화를 임금수준이 높은 한국, 혹은
선진국이 싼 가격에 생산할 수는 없는 일이다. 만약 중국이 싼 노
임을 바탕으로 작업을 대신 할 수 있다면 국제분업이 일어나지
않을 이유는 전혀 없다. 한국을 비롯한 선진 개발도상 국가들이
임금의 상승과 생산성의 저하로 노동집약 산업을 포기하며 고성
장 기조를 접기 시작한 1990년대 초 노동집약산업의 대부분이
중국으로 이전되면서 중국의 폭발적인 성장이 이루어졌다는 사
실은 앞서 소개한 바와 같다.

규모로 무장한 중국경제가 세계무대에 진입하면서 일으킨
파장은 대단히 컸다. 중국은 싼 노동력을 사실상 제한 없이 제공
할 능력을 지니고 있다. 그 결과 인도 등을 포함한 것이긴 하지
만, 세계적으로 노동력은 중국의 약진 시기를 기점으로 거의 2배
로 급팽창했다. 경제적으로는 낮은 가격의 상품을 대규모로 미국
을 비롯한 전 세계에 공급할 수 있다는 것을 의미하는데, 따라서
분업의 원칙에 따라 지구촌 국가들은 값싼 물건을 마음껏 사용
할 수 있었으므로 그만큼 잘살게 되었다. 이 현상을 전문용어로

는 '긍정적 공급충격(positive supply shock)'이라고 한다. 실물경제의 약진은 금융부분에도 영향을 미쳤는데, 다음의 상황을 통해 그 파급효과를 짚어볼 수 있다. 중국으로부터 상품이 대규모로 수입되면서 일반 상품 값이 저렴해지자 미국을 비롯한 선진국들은 인플레이션에 대한 큰 걱정 없이 이자율을 낮추며 경기를 부양시킬 수 있었다.

특히 미국의 이자율을 살펴보면 무슨 일이 있었는지를 알 수 있다. 1990년대 초 중국의 팽창과 시기적으로 거의 일치되는 시점에 미국의 금리는 낮아졌다. 연평균 금리가 1991년 처음 5.7%로 인하된 후 다음 해에는 3.5%로 더욱 인하되었다. 그 후 1990년대 줄곧 4~5%의 저금리 기조가 유지되었다. 2000년대에는 경기부양의 페달을 더욱 강하게 밟게 되는데, 특히 2002년부터 3년 동안은 과거 그 예를 찾기 힘든 1퍼센트대의 초저금리가 유지됐다. 그토록 낮은 금리 상황에서 인플레이션이 어떻게 가시화되지 않았는지 의아할 정도이다. 나중에 밝혀지는 것이지만, 문제는 중국의 등장으로 전 세계가 잘 살게 된 점, 즉 경기호황을 누린 것은 분명하지만 중국의 역할이 그 정도는 아니었다는 사실이다. 뒤집어 이야기하면 중국이 전해준 선물보다 외형적으로는 더 잘살게 보였던 것이다. 실제의 실력보다 더 잘사는 것을 경제용어로는 거품(economic bubble)이라고 한다. 특히 미국 부동산 시장의 거품은 낮은 금리가 빚어낸 비극의 씨앗이었다.

아무튼 여러 가지 이유로 미국에 인플레이션 조짐이 보이자 미 통화당국은 금리를 다시 인상시켰다. 2005년 3.22%를 시작으로 2006년과 2007년에는 4.97%, 5.02%로 이자율은 더욱 상승했다. 금리가 인상되자 비우량 주택담보대출(sub-prime mortgage)을 받은 사람들의 이자 및 원리금 상환이 어려워지면서 미국의 주택시장은 붕괴되기 시작했다. 문제를 더욱 심각하게 만든 것은 모기지에 기초하여 많은 금융 파생상품이 만들어져 유통되었다는 사실이다. 상기의 금융상품을 취급하던 금융기관이 피해를 보는 것은 당연했는데, 이것이 2008년 대형 금융기관들이 붕괴된 배경이다.

세계 경제의 심각한 불균형

국제경제적 맥락에서는 중국의 경우 수출을 많이 해 과거보다 더욱 부유해졌고, 미국을 비롯한 다른 국가들은 싼 물건을 사용할 수 있어 복리가 증진됨은 물론, 경기부양책을 통해 호경기도 즐길 수 있었다. 이득을 모든 국가가 공유한 셈이다. 그런데 문제는 금융위기를 통해 그런 시스템이 계속 유지될 수 있느냐는 의문이 불거지기에 중국경제에 대해 다시 눈을 돌리게 되는 것이다. 수출주도형 정책을 주도한 한국을 포함한 네 마리 용과 일본의 수출 중시 정책, 그리고 또 다른 무역 강국인 독일의 수출 드라이브 등은 과거 약 30년 간 별 문제 없이 운영되었다. 문제가 발생할 징조가 있으면 일본의 엔화와 독일의 마르크화를 평가절상 시켰던 1985년 플라자 합의(Plaza Accord)와 같은 국제협조를 통해 쟁점을 풀 수 있었다. 그런데 중국이라는 거인이 들어오면서 큰 파열음이 생긴 것이다. 세계경제라는 큰 그물이 새로운 진입자의 무게를 이기지 못하고 찢어진 셈이다. 여기서 그 동안 발전모델이 었던 수출주도형 정책이 계속 통할 수 있느냐는 근본적인 의문이 제기되는 것이다.

지금 현재 진행 중인 미국과 중국 간의 경제 갈등은 상기의 근본적인 문제를 둘러싸고 벌어지는 신경전이라고 봐도 무방할 것이다. 우선 미국과 중국 간의 무역불균형(global imbalances)이 도마 위에 올랐다. 1994년부터 2009년까지 중국의 대미 무역흑자는 무려 2조 달러를 상회하고 있다. 미국은 이것부터 시정해야 한다고 목소리를 높이고 있는데, 균형이 회복되기 위해서 위안화는 평가절상 되어야 하고 반대로 달러화 가치는 떨어져야 한다고 주장하고 있다. 환율이 시장의 법칙에 따라 변하는 변동환율제하에서는 그런 조정은 사실상 자동으로 이루어진다. 중국 통화당국이 위안화의 가치를 달러화에 고정시키고 있다는 것이 문제였다. 달러화 가치가 떨어지면 위안화의 가치도 같이 저하되도록 되어 있는 것이다. 지난 11월 서울 G20 회의에서 미국이 줄기차게 이 문제를 물고 늘어졌던 이유를 알 수 있다.

다음으로 중국의 저축률이 50%를 상회한다는 앞서의 통계는 불균형의 또 다른 원인이다. 흥미롭게도 중국의 총저축 중 32%만이 가계저축이다. 이 정도도 자본주의 국가에서는 납득이 가지 않는 일인데, 그러면 나머지는 무엇일까? 놀랍게도 나머지 저축은 국영기업에 의해 이루어지고 있다. 사회주의 국가가 아니면 상상할 수 없는 특이한 경제구조가 중국 경제발전의 중추 역할을 하고 있다는 사실을 알 수 있다. 중국 경제발전의 동인인 대규모 자본투입의 상당 부분을 막대한 국내저축이 떠안고 있으므로 논리적으로 중국정부가 저성장을 각오하지 않으면 저축률을 낮출 수는 없는 일이다. 여기에 2000년대 미국의 저축률이 3.2%에 불과하다는 사실이 더해지면 양국 간의 불균형은 불 보듯 뻔한 일이다. 중국과 같이 비정상적인 저축을 경제용어로는 저축과잉(saving glut)이라고 한다.

경제의 원리상 투자되지 않고 남은 저축은 결국 무역수지 흑자로 나타난다. 따라서 중국의 저축률 하락은 미국과의 무역 불균형을 해소시키기 위한 중요한 수단임을 알 수 있다. 하지만 다음의 이유로 중국이 이를 실천하는 것은 쉽지 않다. 저축을 덜한다는 것은 결국 소비를 증대시키는 일이다. 다시 말해 내수시장을 넓히는 것을 의미한다. 중국인들이 소비를 더 하려면 소득 분포가 지금보다는 더 평등해져야 한다. 많은 사람들이 더 많은 돈을 수중에 갖고 있어야 소비가 촉진되는 것이다. 중국 기득권층이 지닌 현재의 지분을 상당 부분 포기해야 가능한 일이다. 사회주의식 권력독점 과두체제를 유지하고 있고, 노동조합도 사실상 없는 나라에서 기대할 사항은 아닌 셈이다. 폭로 전문 인터넷 사이트 '위키리크스'는 후진타오, 원자바오 등 중국의 핵심 권력자 7인이 사업을 어떻게 분배, 지배하고 있는지를 충격적으로 폭로하고 있다. 인터넷 사업, 보석, 베이징 부동산 개발, 석유, 전력, 그리고 금융 등이 사실상 이들을 비롯한 최고위층의 손아귀에 있다는 것이다. 민주사회가 그토록 관철시키려고 노력하는 권력과 부의 분리원칙이 전혀 지켜지지 않고 있음을 알 수 있다. 상황이 그렇다면 기득권층의 양보를 기대하는 것은 무리일 수밖에 없다.

또한 선진국처럼 소비를 조장할 수 있는 노후 대책도 중국에는 존재하지 않는다. 사회보장제도가 거의 전무한 것이다. 사회보장제도에 돈을 쓰기 시작하면 경제성장은 둔화되기 마련이다. 한국이 대표적인 예이고, 선진국 대부분이 저성장을 이어가는 가장 큰 이유이다. 중국정부가 이를 감내할 수 있을까? 내수시장이 확장되기 위해서는 서비스 산업의 발전 역시 필수적이다. 여기서 중국의 서비스산업 발전은 다른 나라와는 다른 의미를 지닌다. 사회의 자유화가 서비스산업 진흥의 필수조건이기 때문이다. 한국이나 서구국가들은 이미 오래전에 자유화가 되었으므로 조건에 신경 쓸 필요가 없지만, 중국의 경우 사회의 자유화는 정치적으로 가장 민감한 부분을 건드리는 것을 의미한다. 중국의 현 사회주의 정치체제가 위의 요구를 감당하기는 어렵다는 사실을 알 수 있다.

환율문제로 다시 화제를 돌려보면 다음의 질문을 던져볼 수 있다. 과거 일본과 독일, 그리고 한국도 수용한 환율조정을 중국은 왜 목을 매고 거부하는 것일까? 중국의 무역의존도가 70%에 이른다는 사실은 중국경제의 상당 부분이 수출에 연계되어 있다는 것을 의미한다. 따라서 위안화의 급격한 평가절상에 의한 수출의 가시적인 감소는 중국경제 전체가 위축된다는 것을 뜻한다.

가뜩이나 실업자가 많은 중국의 고용시장은 직격탄을 맞게 되고, 결과적으로 실업자 수는 더욱 증가할 수밖에 없다. 정치 및 사회적 파장에 중국이 노출될 가능성이 높아지는 것이다. 특히 대도시 지역의 실업률 증가로부터 터져 나올 사회적 동요는 중국 당국이 가장 경계하는 사태이다. 정치폭동으로 이어진다면 여기서부터는 또 다른 차원의 논의가 필요하다.

위안화 절상은 역으로 수입증대를 의미한다. 특히 저렴한 외국 곡물이 대량으로 유입되는 경우 가뜩이나 궁핍한 중국 농촌 지역의 동요가 발생하지 말라는 법은 없다. 중국에서 문제가 터지면 낙후된 농촌에서부터 시작될 것이라는 예측을 고려하면 중국의 지도자들이 가장 우려하는 상황이 전개될 수도 있는 셈이다. 나아가 중국의 어마어마한 해외자산 중 65% 정도가 달러화로 표시되어 있다는 사실을 고려하면, 특히 대달러 환율이 변화하는 경우 중국은 앉은 자리에서 엄청난 자산 손실을 입을 수도 있다. 하지만 중국정부에게 무엇보다도 중요한 것은 자산의 손실보다는 정치사회적 동요이다. 역사적으로 중국지도부가 동요의 위험을 감내하려 한 적은 거의 없었다.

반면 적어도 자산(assets)에 관한 한 미국의 입지는 중국과 전혀 다르다. 미국 소유의 대외자산에 대한 통계를 통해 상황을 짚어볼 수 있다. 한국에는 별로 알려지지 않은 사실이지만, 미국은 2008년 현재 약 2조 달러의 대외자산을 보유하고 있다. 이중 62%가 개인 것이고 나머지는 정부 소유이다. 미국이 외국에 빚도 많이 졌지만(약 3조 8,000억 달러, 2009년), 재산도 많다는 사실을 알 수 있다. 그런데 그 중 약 70%는 외국통화로 표시된 자산이다. 따라서 달러가치가 떨어지는 경우 미국 금융자산을 가지고 있는 외국인들은 손실을 입지만, 미국 소유 해외자산의 가치는 반대로 오르게 된다. 이런 현상의 원인을 전문용어로는 '통화불일치(currency mismatch)'라고 한다. 미국의 대외 금융거래가 달러화의 약세에 대해서는 별로 취약하지 않다는 사실을 알 수 있다.

이상이 중국경제가 국제경제에 던진 파장의 핵심 내용이다. 그밖에도 다양한 이슈가 존재하지만, 미국과 관련한 중국의 신경전은 결국 세계경제의 패권과 관련이 있으므로 다음 장에서 자세히 살펴보도록 한다. 여기서 가장 중요한 논제는 역시 기존의 국제경제체제가 중국의 급속한 성장을 감내할 수 있느냐는 것이다. 서두에서 제기한 "국제사회는 급작스레 팽창하는 중국을 맞이할 준비가 되어 있는가"라는 질문이 외교분야에만 한정되지는 않는다는 사실을 알 수 있다. 국제경제에서도 같은 질문이 나올 수밖에 없는 상황이 지금 현재 우리 눈앞에 전개되고 있는 셈이다.

중국 정치제도의 취약성

서로 어울리기 힘든 두 체제의 공존

올해 시진핑(習近平)이라는 인물이 언론을 장식한 적이 있다. 중국의 현 주석 후진타오(胡錦濤)를 이을 인물로 인정되는 것이 이유이다. 그런데 영국의 시사주간지 「이코노미스트」지는 그의 등극을 다음과 같이 평하고 있다. "시진핑의 등장은 최근 북한의 김정은이 낙점되는 방식과 섬뜩할 만큼 흡사하다. 일반인에게는 전혀 공개되지 않은 가운데 문이 굳게 닫힌 공산주의 비밀회의에서 그의 중국 공산당 중앙군사위원회 부주석 직이 결정되었기 때문이다"(The Economist, October 23rd 2010). 따라서 시진핑에게 '다음의 황제(the next emperor)'라는 라벨을 붙여주었다. 이것만큼 중국의 정치 현실을 잘 보여주는 설명도 흔치 않을 것이다. 공산주의 비밀회의 그리고 황제, 21세기 다른 국가에서는 상상도 할 수 없는 광경이 중국에서는 실제로 펼쳐지고 있다.

중국은 공산주의 일당 독재체제를 모택동 이후 그대로 유지하고 있다. 따라서 누구든 공산당을 접수하면 천하의 권력을 얻게 된다. 과거에는 모택동 혹은 등소평과 같이 카리스마 넘치는 특정의 인물이 주역이었지만, 세월이 흐르고 특히 피비린내 나는 권력투쟁을 겪으면서 이제는 집단지도체제가 자리 잡은 것으로 이해되고 있다. 공산당의 독재가 건재한 가운데 공산당의 권력이 한 사람에게 집중되는 것과 다소 여러 명에게 나누어지는 것 사이에 큰 차이가 있을까? 소련도 비슷한 과정을 겪은 적이 있다. 스탈린(Iosif Stalin)이라는 전대미문의 독재자가 죽은 후 소련 지도부도 지긋지긋했는지, 그의 심복인 중앙정보국장(KGB) 베리야(Lavrentii Beriya)를 거세시킨 후 집단 지도체제를 도입했다. 물론 세월이 흐르자 수상인 후루시초프에게 권력이 쏠리는 현상을 막지는 못했지만, 후루시초프의 실정을 빌미삼아 그를 다시 숙청한 것을 보면 과거 스탈린 시대와는 다른 어떤 합의제 형식이 도입되었던 것은 분명하다. 후루시초프 실각 이후 권력은 더 나뉘어져 1964년 이른바 삼두체제가 형성되는데, 브레즈네프 공산당 서기장, 포드고르니(Nikolai Podgornyi) 최고회의 간부회의 의장(국가원수), 그리고 코시긴(Aleksei Kosygin) 수상의 옹립이 그것이다. 그렇다고 브레즈네프 시대가 민주화된 것일까?

지배체제의 이러한 작은 변화는 오직 상층부의 편의와 권력의 속성에 기인하는 것일 뿐, 그 이상도 이하도 아니다. 그나마 발전이 있다면 중국의 경우 임기제는 지켜지고 있다는 사실일 것이다. 아무튼 그것을 통해 과거 그 예를 찾기 힘든 희한한 체제가 모습을 드러내게 된다. 경제는 자본주의가 상당히 가미된 반서구식 제도, 그리고 정치는 약간 변형된 공산독재체제가 병존하고 있는 것이다. 이것이 가능할까? 다음에 자세히 논하겠지만, 적어도 현재까지 인간이 개발한 정치경제학 지식에 기초하면 불가능하다고 말할 수밖에 없다. 아무튼 서로 어울리기 힘든 두 체제의 공존 때문에 다음과 같은 현실 문제들이 해결되지 못한 채 방치되고 있다.

권력체제가 위와 같다면 경제적인 부도 결국 권력의 절대적인 지배하에 놓일 수밖에 없다. 대표적인 예가 앞서 소개한 위키리크스의 폭로 내용인 공산당 최고위 간부들의 권력을 이용한 엄청난 축재이다. 나아가 민영화되지 않은 수많은 국영기업과 그것을 지배하는 공산당 간부, 그리고 국민의 기본권 중 특히 재산권의 제한 등도 같은 맥락에서 이해될 수 있다. 다음의 예를 통해 체제의 모순을 엿볼 수 있다. 우선 중국의 빈부격차는 상상을 초월하는 수준에 이르렀다. 전체 인구의 0.3%인 390만 명이 총 은행예금의

1/3 이상, 그리고 국민 총소득의 30% 이상을 차지하고 있다. 범위를 조금 넓혀보면, 전체 인구의 상위 1%가 중국 전체 경제의 무려 41.1%를 장악하고 있다. 반대로 하루 수입이 1달러 미만의 절대빈곤층은 2억 명, 2달러 미만으로 확대하면 전체 인구의 54%가 이 범주에 속한다. 3달러까지 확대하면 더 늘어날 것인데, 따라서 빈곤층이 9억을 상회한다는 보도가 과장만은 아닌 것 같다. 외환보유고 2조 5,000억 달러, GDP 세계 2위인 민주·자본주의 중국이라면 절대로 불가능한 수치이다. 물론 독재국가이므로 가능한 일이지만, 한마디로 돈을 인민에게는 별로 안 쓰는 셈이다. 한국 같으면 폭동이 일어나도 수십 번은 일어났을 상황이다.

중국인들도 분명히 사람인데 왜 불만이 없겠는가. 사회의 모순은 최근 4년 동안 연평균 9만 건 이상의 소요(protests and disturbances)가 발생했다는 통계를 통해 알 수 있다. 절대 빈곤층의 수가 그토록 많다는 것은 노동조건이 열악하다는 사실로 연결된다. 워낙 돈이 없다 보니 극한의 노동조건조차도 감수하면서 일할 수밖에 없는 상황이 자연스레 만들어지는 것이다. 영국의 12배 이상인 셀 수도 없는 작업장 사고는 그 결과물이다. 현실이 그러하기에 중국 인민대학 저우샤오정(周小征) 교수의 다음과 같은 실토는 주목을 끌 수밖에 없다. 중국에는 노예가 천만 명이라고 전하고 있는데, 여기서 노예는 일거리와 음식은 제공받지만 임금은 받지 못하는 노동자를 의미한다. 상상을 초월하는 환경오염도 체제의 모순을 반영하고 있다. 오죽하면 중국을 해외직접투자의 오염 피난처라고 부르겠는가. 중국에 매년 거의 1,000억 달러의 외국인 투자가 유입되는 이유의 중요한 부분이 설명되는 셈이다. 다시 말해 상품의 공정상 오염물질을 피할 수 없지만 이에 대한 대가를 치르고 싶지 않은 거의 모든 세계의 장사꾼들이 중국에 투자한다고 보면 될 것이다. 하지만 결과는 참혹할 수밖에 없다. 대기오염이 가장 심한 세계 20개 도시 중 16개가 중국에 있다. 그 결과, 매년 수십만 명의 중국인이 환경오염 때문에 목숨을 잃고 있고, 약 2,000만 명은 호흡기 질환이나 그 밖의 환경 관련 질병으로 고통 받고 있다. 상기의 모든 것이 가능하다는 현실은 적어도 현재까지는 강력한 권력이 위에서 누르는 것이 먹혀들어가고 있다는 것을 의미한다.

서로 이질적인 정치체제와 경제체제의 공존이 얼마나 어려운지는 다음의 사례를 통해 더욱 분명히 이해할 수 있다. 과거 모택동 시절 국가가 인민에게 제공하는 혜택은 공산주의다웠다. 물론 자본주의 국가 수준에서 그 질을 따질 수는 없지만, 모든 국영기업체는 근로자들에게 생활 가능한 임금을 지급했고, 주택, 의료 및 연금도 보장했다. 하지만 여기에도 모순은 있었는데, 공산주의 특유의 현상인 열심히 일할 의욕의 상실이다. 자본주의로의 전환이 이루어지자 당연히 인센티브제가 도입되었고, 그 결과는 성과급이었다. 같은 연장선에서 1990년대 이후 공산주의 시절의 사회적 혜택은 사라졌다. 모든 국민이 먹고 사는 데 지장이 없고 노후를 대비해 충분한 저축이 이루어진다면 상황이 달라지지만, 앞서의 설명을 통해 알 수 있듯이 경제적 약진에도 불구하고 일반인들의 현실은 그럴 형편이 아니다.

여기에 다음의 통계를 대입해 보면 상황의 심각성을 엿볼 수 있다. 도시를 기준으로 은퇴자의 수는 2009년 4,820만 명이었고, 2010년에는 7,000만 명으로 늘어난다. 2020년에는 1억 명 이상으로 예상되고 있다. 하지만 이들을 부양하는 연금제도가 시행된다는 말은 아직 나오지 않고 있다. 과거에 열심히 일해 오늘의 기반을 닦은 세대가 사실상 내팽개쳐지는 셈이다. 그 분들이 가만히 앉아서 당하고만 있을까? 여기에 민영화된 의료체계, 즉 의료제도에 자본주의 방식을 어설프게 섞은 결과, 부패한 관리와 의료 종사자들의 결탁이 이루어지면서 약값이 폭등하는 사태가 발생했다. 진료에서 약값이 차지하는 비율이 선진국의 경우 15%인데 반해, 중국은 50%를 상회하고 있다. 의료 천국 한국에 비추어 보면 상황의 심각성을 알 수 있다. 결국 정치체제와 경제체제 간의 서로 다른 이질성이 과거 공산주의의 장점을 오히려 없애면서 그 대안은 제시하지 못하는 상황을 만든 셈이다.

열악한 삶과 노동조건은 경제적으로는 중국상품의 상상을 초월하는 가격경쟁력으로 귀결된다. 노조가 사실상 없고, 환경오염에 신경 쓸 필요가 없으며, 기존의 비숙련 노동자가 마음에 안 들면 무수히 대기하고 있는 실업자를 고용하면 그만이고, 열악한 작업환경을 개선하기 위한 투자를 피할 수 있는 현실을 외면할 기업인은 하나도 없을 것이다. 열악한 경제환경이 곧 상품가격을 낮출 수 있는 핵심 요인인데, 그렇게 만든 값싼 상품을 팔아야 떼돈을 벌 수 있으므로 문제의 해결이 어려워지는 것이다. 아무튼 중국의 경제적 약진이 어디에 뿌리를 두고 있는지를 알 수 있는 대목이다. 중국 정도는 아닐지 몰라도 비슷한 열악한 환경은 과거 서구의 초기 발전 단계에서도 존재했고, 보다 최근인 한국의 초기 경제발전 시기에도 있었다. 하지만 역사는 그런 조건이 오래 가지 못한다는 것을 보여주고 있다. 자본주의의 원리와 인간의 자각이 개혁의 견인차 역할을 함은 물론이다. 중국 당국도 무서웠는지 그 영광스런 인권운동가 류샤오보(劉曉波)의 노벨평화상 수상을 기를 쓰고 반대하고 있다.

자유시장과 소유권

자본주의의 핵심 요소는 자유시장(free market)과 소유권 (property right)이다. 이것이 보장되지 않는 사회는 자본주의라고 부르지 않는다. 특히 소유권의 보장은 신성불가침의 수준이어야 한다. 여기서 두 요소가 얼마나 정교하게 서로 연계되어 있는지는 다음의 설명을 통해 이해할 수 있다. 초기 자본주의의 원리를 경제적으로 분석한 대부분의 저서는 다음의 원칙을 예외 없이 강조하고 있다. "만약 쌍방 간의 교환이 자발적일 때(자유시장), 양자 모두가 시장에서 교환을 통해 이득을 취할 수 있다고 믿지 않으면 그 거래는 이루어지지 않는다." 이득 없는 거래는 없다는 것이고, 여기에 제 삼자가 개입해서는 안 된다는 말이다. 여기까지가 순수 경제적 논의라면 다음의 명제는 시장이 정치분야도 슬쩍 파고들고 있음을 보여주고 있다. 간단해 보이는 상기의 명제에는 심오한 또 다른 원칙이 숨겨져 있다. "만약 위의 거래를 통해 얻어진 이득을 남에게 빼앗긴다면, 이 경우에도 거래는 이루어지 않을 것이다." 노력해 번 돈을 남이 가져가는데 열심히 거래해 돈 벌 사람은 없다. 바로 여기서 자본주의와 공산주의가 극명하게 갈라지게 된다. 소유권이 확실히 보장되어야 하는 이유를 알 수 있는 대목이다. 따라서 자유시장과 소유권의 보장은 자본주의 국가의 첫 번째 책무임을 알 수 있다. 역으로 공산주의는 소유권을 보장하지 않으므로 열심히 일해 재산을 모을 동기도 사라지게 된다.

위의 두 명제를 통해 자유시장과 소유권은 서로 불가분의 관계를 맺고 있다는 사실을 알 수 있다. 하지만 이야기는 여기서 그치지 않는다. 또 다른 심오한 원리가 더 깊숙이 숨겨져 있는데, "거래를 통해 얻어진 이득이 보장된다 하더라도, 취득한 이득의 가치가 시간이 지나면서 저하된다면 애초의 거래는 원활히 이루어질 수 없기 때문이다." 다시 말해 오늘 10만 원의 이득을 취했지만, 그 가치가 1년 후에 8~9만 원으로 떨어진다면, 애초의 거래는 잘못된 것이라는 말이다. 상황이 그렇다면 머리를 쥐어짜 애초의 거래에 미래의 손실을 반영시켜야 한다. 하지만 미래의 손실에 대한 합의가 어려울 것이므로 거래는 복잡해지고 원활해질 수 없다. 무엇이 그런 상황을 가능하게 할까? 물론 물가상승, 즉 인플레이션이다. 물가가 상승하면 현재의 10만 원이 1년 후 10만 원의 구매력을 지닐 수는 없다. 인플레이션을 왜 자본주의를 붕괴시킬 수 있는 최악의 요소로 간주하는지를 알 수 있는 대목이다. 자본주의 국가의 또 다른 중요한 책무가 인플레이션 방지라는 것은 두말할 필요가 없다. 따라서 자본주의 국가는 우선 시장활동의 자유를 확실히 해야 하고, 여기서 나오는 이득 또한 보장해야 하며, 아울러 인플레이션을 막아야만 한다. 이것만 잘해도 정부가 욕먹는 경우는 거의 없다.

흥미로운 점은 시장의 그런 기능이 또 다른 차원의 변화를 가능하게 한다는 놀랍고도 신기한 사실이다. 속세적 권력은 일반적으로 경찰력 혹은 군대 등과 같은 물리력과 인간의 생존과 번영에 필수적인 경제력이라는 두 가지 요소로 이루어진다. 과거 전제군주제 시절에는 왕이 물리력과 경제력을 사실상 독점했다. 하지만 시장이 활성화되면서 이야기는 다른 방향으로 전개된다. 자유시장이란 누구든 참여자가 될 수 있고, 마음대로 거래를 할 수 있다는 것을 의미한다. 자유로운 상행위에 어느 누구도 간섭하면 안 되기에, 시장이 작동된다는 그 자체로 왕이 지니고 있는 물리력은 이미 어느 정도 제한된다는 사실을 알 수 있다. 다음으로 시장을 통해 누구든 돈 벌 기회가 있고, 번 돈이 사유재산으로서 대를 이어 보장된다면 왕의 경제력 또한 서서히 분산될 수밖에 없다. 왕이 이것을 알았다면 자유시장을 처음부터 권력을 이용해 막았을 것이다. 하지만 그렇게 똑똑한 왕은 지구상에 없었다. 언제부턴가 시장이 확장되기 시작했고, 자유로운 상업을 통해 국부가 증가되었으며, 따라서 왕은 더 많은 세금을 거둘 수 있었으므로 적어도 경제적 관점에서는 왕이 처음부터 자유시장을 반대할 이유는 없었다. 그 뒤에 숨어 있는 무시무시한 권력 메커니즘을 계산한다는 것은 신이 내린 천재가 아니고서는 불가능한 일이었다.

아무튼 재산권을 통해 일반인이 경제력을 확보하기 시작하고 그 수가 많아지자, 요구는 더욱 거세졌다. 왕에게 갖다 바치는 세금이 너무 많지 않느냐는 불평이 나오기 시작한 것이다. 왕이 멋대로 세금을 올렸다 내렸다 하는 경우가 많았으므로 우선 그런 행위를 통제할 필요가 있었다. 세금을 마음대로 받지 못하도록 못을 박아야 했고, 세율 역시 예측이 가능해야만 했다. 이해를 돕기 위해 세금만을 예로 들었으나 사회의 모든 분야에서 그런 요구가 있었다고 보면 무방할 것이다. 바로 이러한 사회적 요구가 최초로 명문화된 것이 1215년 영국의 왕권 제한을 목적으로 발현된 대헌장, 즉 마그나 카르타(Magna Carta)였다. 헌장에는 후일 자본주의 발전에 획기적인 공헌을 하게 되는 다음의 구절이 있다. "일반 평의회의 승인 없이 군역대납금(軍役代納金) 및 공과금을 부과하지 못하고, 또한 자유인은 (왕이나 귀족이 아닌) 같은 신분을 가진 사람에 의한 재판이나 국법에 의하지 않으면 체포, 감금되지 않는다." 전자는 후일 의회의 승인 없이 과세할 수 없다는 주장의 근거가 되었고, 후자는 사법권의 독립으로 이어졌다. 따라서 영국의 경우 13세기에 이미 경제력이 전통적인 권력을 파고들며 기존의 왕권 중 일부가 분산되기 시작했음을 알 수 있다.

하지만 왕권은 여전히 막강했으므로 대헌장의 기본 정신이 철저히 지켜질 수는 없었다. 방법은 왕을 혼내는 것뿐이었는데, 이러한 정치적 요구에 기초, 청교도 혁명 및 명예혁명과 관련하여 등장한 것이 1628년의 권리청원과 1689년의 권리장전이다. 전자는 "의회의 동의 없이 왕권에 의하여 이루어진 법률이나 그 집행 및 과세가 위법"하다는 사실, 그리고 "의회에서의 언론 자유의 보장과 지나친 벌금 및 형벌의 금지"를 확인하였고, 후자는 "의원선거의 자유 보장"을 추가시켰지만 나머지 내용은 전자와 흡사했다. 아무튼 역사는 전자를 주권이 국왕으로부터 의회로 옮겨지는 계기로, 후자는 의회정치 기초를 확립시키고 절대주의를 종식시킨 사건으로 평가하고 있다. 이상의 세 가지 정치적 사건에서 반복되었던 것은 조세로부터의 재산권 보장과 신민의 자유, 그리고 사법권의 독립이었다. 자본주의가 원활히 운영되기 위해 필요한 조건이 끊임 없이 왕에게 강요되었음을 알 수 있다.

자본주의와 민주주의의 메커니즘이 이미 밝혀졌음에도 왕권이 그 엄중한 사실을 끝내 거부하다 비극을 자초한 국가가 프랑스이다. 결과는 참혹하게도 경제력을 축적한 이른바 부르주아라는 신흥계급이 시민을 등에 업고 왕정을 몰락시키면서 왕과 귀족 상당수를 참수하는 것으로 결론이 났다. 이것이 바로 1789년 프랑스 대혁명이다. 아무튼 혁명을 기점으로 후일 다소의 우여곡절은 있으나 자본주의의 진보를 저해하는 권력의 간섭은 사실상 불가능해졌다. 유럽으로부터의 교훈과 건국 아버지들의 예리한 통찰 및 신념에 기초, 미국은 애초부터 권력을 견제하는 시스템을 갖추었다. 대통령 중심의 철저한 삼권분립제가 확립된 이유이다. 따라서 미국은 자본주의의 장애 요인인 경제에 대한 자의적인 권력 행사가 처음부터 배제된 가운데 출발한 유일한 국가라고 할 수 있다. 오늘날 미국이 어떻게 자본주의 최대 강국이 됐는지 알 수 있는 대목이다.

중국의 정치적 딜레마

등소평 이후 중국은 일단 시장원리를 수용했다. 외국과의 교류에서 특히 그러했는데, 경제특구의 조성이 대표적인 예이다. 하지만 시장은 또 다른 특성을 지니고 있다. 일단 시장이 정착하면,

엄청난 부를 창출하는 교환기능의 유용성, 일상생활을 매끄럽게 하는 편의성, 그리고 시장을 통해 누리는 자유의 중요성 등이 일반인들에게 각인되면서 시장은 확장하게 된다. 북한이 울타리를 이중으로 쳐놓고 노동자들을 세뇌, 감시하면서 외국자본과 극히 조심스럽게 접촉하는 이유를 알 수 있다. 개혁개방을 단행한 지약 30년이 지난 오늘의 중국은 외형적으로는 시장원리에 기초하여 운영되고 있다. 이것이 사회의 하부구조라면, 앞서 설명한 바와 같이 상부구조, 즉 정치는 여전히 공산독재체제를 유지하고 있다. 두 가지 서로 다른 체제의 공존이 야기하는 문제점 중 일부는 앞서 살펴본 바 있다.

1989년 6월의 천안문 사태는 상기의 모순이 외부적으로 표출될 수 있다는 정치적 증거였다. 경제적 논리로 정치문제를 극복하려던 등소평의 중국식 개방적 사회주의가 정치개혁과 경제개혁의 불균형, 즉 경제는 급속히 진전되는 데 비해 정치는 정체되어 있는 현상을 극복하는 데 실패했다는 것을 의미하기 때문이다. 과거의 서구는 물론 한국의 산업화 과정에서 불거져 나온 사회적 요구의 증대가 중국에서도 예외 없이 가시화될 수 있다는 중요한 증거인 셈이다. 역사적으로 한 번의 분출로 기득권층의 양보에 기초, 타협을 통해 정치개혁이 이루어지는 적은 거의 없었다.

만약 개혁이 이루어진다면 기득권층이 그렇게 안하는 경우 죽을 수밖에 없다는 절박한 처지에 놓이는 경우, 혹은 독일 혹은 일본과 같이 전쟁에 패하여 외부세력에 의해 새로운 정치개혁이 단행되는 경우 등이 대부분이다. 정치학자들이 거의 예외 없이 영국을 순탄한 정치발전의 모델로 간주하는 이유를 알 수 있다. 아무튼 중요한 것은 정치적 분쟁 기간이 길어질수록 국가의 에너지는 그만큼 낭비된다는 사실이다. 그러므로 순탄한 정치개혁과 이어지는 자본주의의 발전이 영국이 세계를 제패한 동인이라는 주장은 일리가 있다.

상황이 그렇다면 중국의 기득권층도 과거의 예를 따르는 것이 이상한 일은 아닐 것이다. 정면 승부를 택하는 경우 기득권층이 사용할 수 있는 방안은 역사적으로 대략 다음과 같이 정해져 있다. 우선 집권층의 특권인 무력을 이용, 반체제 인사를 대대적으로 숙청, 탄압하여 정부의 권력이 살아 있음을 보여주는 것이다. 물론 그 다음 이어지는 것은 정보와 공포 정치이다. 두 번째는 기존의 방법을 더욱 강화하여 시행하는 것이다. 즉, 경제가 더 발전하여 삶이 풍요로워지면 될 것이 아니냐는 식이다. 경제개발이 어정쩡한 상태에서 그런 소요가 있는 것이지 경제가 급속도로 발전하여 국민들이 이에 빠져든다면 정치적인 생각은 상당히 잊게 된다는 가설에 기초하고 있다. 여기에 양념이 들어가는데, 현대에 이르러 공산주의를 포함한 독재정치가 거의 예외 없이 효과적으로 활용한 이른바 3S 정책을 가미하는 것이다. 스포츠(sports)의 활성화, 성(sex)의 자유화, 그리고 영상매체(Screen)의 활성화 등이 그것인데, 여기서 핵심은 국민에게 경제 이외의 즐거움을 선사함으로써 관심을 정치로부터 분리하는 것이다. 마지막으로 약방의 감초와 같이 빠질 수 없는 외부변수의 활용이 있다. 대외적으로 힘의 과시, 과잉팽창, 혹은 의도적인 충돌 등을 통해 특히 민족주의를 자극함으로써 '지금 정치개혁을 요구할 수 있는 한가한 시기가 아니다.'라는 사실을 주입시키는 것이다.

등소평을 포함한 중국의 집권층은 위의 정책을 한 치의 오차도 없이 정확하게 시행했다. 천안문에 인민군을 투입, 시위대에 무차별 총격을 가함으로써 수천 명의 희생자를 냈고, 이어 벌어진 대대적인 탄압정책으로 7만 2천여 명의 당원이 제명되었고 6천여 명은 경고 및 징계처분을 받았다. 이후 민주인사에 대한 탄압은 현재까지 이어지고 있다. 그 정점에 중국정부가 신경질적인 반응을 보이고 있는 류샤오보의 노벨평화상 수상이 있다고 보면 무방할 것이다. 다음으로 경제적 논리로 정치문제를 극복하려던 등소평의 중국식 개방 사회주의를 그대로 밀고 나갔다. 1992년 등소평이 변함없는 개혁개방을 천명한 남순강화(南巡講話)의 배경을 알 수 있는 대목이다. 메시지는 '천안문 사태와 같은 것은 체제상의 오해에서 비롯된 것인 바, 사회주의 체제를 굳건히 유지하며 개혁개방을 실천하는 데는 아무 문제가 없으니 혼동하지 말자'는 것이었다. 뒤집어 이야기하면 정치개혁과 같은 쓸데없는 일에 신경 쓰지 말고, 힘을 모아 오로지 잘사는 문제에만 관심을 집중하자는 것이다. 다음으로 1990년대 이후 중국영화의 르네상스 시대가 열리기 시작한 것은 모두가 아는 사실이고, 스포츠를 국가 최대 관심 분야에 올려놓으면서 과감한 투자를 단행, 미국을 제치고 올림픽 종합 1위에 등극함으로써 국민을 흥분시킨 것은 물론, 최근에는 올림픽을 직접 개최, 스포츠를 통한 국위선양을 최고 수준으로 끌어 올리고 있다.

마지막 남은 한 가지, 민족주의의 활용에서도 중국정부는 다른 나라와는 비교할 수 없을 정도의 과감성을 보여주고 있다. 민족주의를 이용한 통치술은 다음과 같은 당당한 태도로 구현되는데, 중화민족의 내부 일에 간섭하지 말라, 우리도 할 말은 하겠다, 고구려는 중국의 일부이다, 센카쿠 열도는 중국 땅이다, 중국경제 보고 뭐라 하지 말고 미국은 자신들의 경제에나 신경 써라 등이 대표적이다. 그들이 스스로 만든 4자 성어식의 표현으로는 '해야

할 일은 한다'는 유소작위(有所作爲), '기세가 등등해져 남에게 압력을 가한다'는 돌돌핍인(咄咄逼人) 등이 있다. 이렇게 보면 '중국, 도대체 왜 이러나'라는 의문에 대한 답변은 사실상 나온 셈이다. 중국과 관련 국제사회에서 계속되는 잡음이 그냥 난 것은 아니다. 하지만 역사는 중국의 의도와는 달리 적어도 시장원리가 작동하는 한, 상기의 기득권 수호정책이 장기적으로 효과를 발휘하는 것은 불가능하다는 점을 보여주고 있다.

특히 등소평의 가설과 1992년의 남순강화를 자세히 살펴볼 필요가 있다. 등소평의 개혁개방 전략은 자본주의의 수용을 통한 부의 증대가 정치문제도 해결할 것이라는 가정에 기초하고 있지만, 과거 자본주의 역사와는 완전히 대치되는 개념이라는 것이 문제이다. 우선 자유시장 원리에 대한 위의 분석은 시장을 통한 부와 권력의 분산을 막을 수 없다는 것을 보여주고 있다. 멀리 갈 것도 없이 압축성장의 대명사인 한국의 경제발전을 살펴보면 이 점은 분명해진다. 초기 한국도 예외 없이 국가 주도의 경제발전 전략을 시행했다. 정부의 경제에 대한 권한은 그야말로 막강했다. 하지만 경제규모가 커지면서 정부가 경제를 통제하는 것은 불가능하다는 사실이 밝혀지게 된다.

대표적인 예가 중화학공업에 대한 투자 파행이다. 우선 은행의 경우 사실상 국가의 소유였으므로 자산의 운영에 대해서는 은행가들이 책임질 이유가 없었다. 결과는 다음의 파행으로 이어진다. 중화학 공업과 같은 대규모 투자를 뒷받침하는 은행의 대출에 정부가 개입하는 경우가 많았고, 은행 또한 사실상 정부 소유이므로 은행가들은 정부의 눈치만 보며 아무 책임 없이 대출조건을 마음대로 조정할 수 있었다. 정책금융의 특성상 기업도 충분한 담보를 제공하고 대출받는 것은 아니므로 이익의 창출 가능성에 대한 면밀한 검토 없이 우선은 대출부터 받아 투자를 하는 것이 이득이었다. 설사 실패하는 경우에도 기업가가 자신의 재산을 빼앗기는 것은 아니기 때문이다. 필연적으로 권력을 둘러싼 결탁과 부패가 만연하는 것은 물론이다. 그렇게 엮인 결과가 바로 1970년대 후반 한국경제를 질식의 수준으로 몰고 갔던 중화학공업의 과잉중복투자였다. 이것이 바로 압축성장의 모순이다.

따라서 1980년대 초에는 중화학공업에 대한 대대적인 구조조정을 단행하며, 시장의 기능을 확대할 수밖에 없었다. 시장원리가 확대되면 은행은 서구의 민간은행들이 그러는 것처럼 자산의 운영에 대해 책임을 져야 한다. 한마디로 대출 잘못해 돈을 떼이면 그에 대한 은행가 수준의, 최악의 경우는 파산과 같은 은행수준의 책임이 따르는 것이다. 상황이 그렇다면 은행은 기업의 투자

계획에 대해 면밀히 조사할 것이고, 과거보다는 더욱 든든한 담보를 요구할 수밖에 없다. 투자의 채산성이 낮거나 혹은 담보가 부실한 경우 대출은 거부될 것이므로, 원리상 시장은 과잉중복 투자 자체를 허용하지 않는다는 사실을 알 수 있다. 이때 정치적으로 중요한 것은 은행과 기업에 대한 기존의 막강한 정부권력이 상당 부분 민간에게 이전된다는 사실이다. 역으로 위의 파행 투자와 같이 경제분야의 모순이 표출되면서 경제성장에 문제가 생기면 특히 개발도상국의 경우 정치적 소요의 가능성은 높아질 수밖에 없다. 즉, 경제로 정치를 해결한다는 등소평의 가설 자체가 무너질 수 있는 것이다. 요컨대 정치적 측면에서는 위의 논의가 기득권을 민간에게 양보할 용의가 있느냐의 문제로 귀결된다는 사실을 알 수 있다. 공산당 독재에 기초한 중국의 기득권층이 현재까지 양보의 기미를 보인 적은 없었다.

하나가 터지면, 연쇄 폭발한다

이상의 분석에 기초하여 중국의 정치적 문제를 짚어보면 그림은 보다 선명해진다. 우선 중국기업의 대부분과 은행은 국가 소유이다. 따라서 은행과 기업의 유착이 과거 한국의 경우보다 더하면 더했지 덜할 수는 없는 일이다. 서구의 많은 경제전문가들이 지적하는 중국의 대규모 장치산업에 대한 과잉중복투자가 문제일 수밖에 없는데, 강력한 구조조정이 없는 경우 모순은 터질 수밖에 없다. 문제는 압축성장의 모순을 극복하기 위해 과거 한국이 시행한 것과 같은 과감한 구조조정을 단행한다는 것은 곧 실업을 의미한다는 사실이다. 이와는 정반대의 방향에서 다가오는 또 다른 문제도 정치적인 폭발력을 지니고 있다. 지금은 잠잠하지만 압축성장 개발도상국의 피할 수 없는 숙명인 인플레이션을 잠재울 수 있느냐는 것이다. 인플레이션은 천안문 사태의 중요한 원인이었다. 2010년에만 무려 6차례에 걸쳐 은행 지불준비금 비율을 인상한 것을 보면 중국당국도 인플레이션에는 신경을 곤두세우고 있는 것이 분명하다. 실패할 경우 소비자, 근로자 그리고 학생이 단합하는 것은 불 보듯 자명한 일이다.

과거 정보통신이 발달되지 않았을 때는 그래도 통제가 용이했다. 하지만 인터넷과 휴대전화, 그밖의 통신매체를 통해 모든 정보가 실시간으로 전달되는 시대에 중국 당국이 모든 정보를 통제하는 것은 불가능한 일이다. 류샤오보(劉曉波)의 노벨평화상에 예민하게 반응하며 벌벌 떠는 이유를 알 수 있는 대목이다. 중국이 선진국과 비교되는 것은 일상적인 일이 되었으며, 양자의 차이를 개선해야 한다는 요구가 나오지 않으면 이상할 정도의 기반은 이미 마련되어 있는 셈이다. 미얀마나 북한같이 폐쇄 사회라면 모를까, 중국 정도로 개방된 국가가 역사적으로 민주화의 요구를 효과적으로 통제한 적은 없었다. 그밖에도 환경오염의 피해로부터 불거져 나올 수 있는 주민들의 불만, 의료 혹은 사회복지 제도의 부실 때문에 발생하는 서민층의 피해와 불만, 갈수록 심해지는 정부의 부패에 대한 실망, 그리고 중국만의 문제인 신장성의 위그르족 혹은 티벳 사람과의 인종적 갈등, 한때 추종자가 무려 7,000만에 이르렀던 파룬궁에 대한 종교적 탄압이 빚어낸 불만 등 무수히 많은 정치적 폭발 요인이 잠재하고 있다.

문제는 위의 다양한 변수들이 상호 연계되어 있다는 사실이다. 하나가 터지면 다른 것도 폭발할 가능성이 높은 것이다. 21세기 현재 중국이 다른 국가와 비교해 얼마나 다른지를 알 수 있는 대목이다. 간단히 말하면 중국은 다른 국가에는 존재하지 않는 이른바 '내부의 전쟁'이라는 지극히 불안정한 요소의 씨앗을 안고 사는 셈이다. 학문적으로는 다음과 같은 질문을 던져볼 수 있다. 과연 현재의 중국정부를 대변하는 집권층은 강력한 국가(strong sate)를 견지하고 있는가? 이 같은 질문은 한때 서구 비교정치학의 가장 중요한 논제였다. 의도적인 동원과 물리력에 의존하는 정부는 약한 국가, 정부(weak state)라는 것이 정치학자들의 결론이었다. 뒤집어 이야기하면 겉으로는 허술해 보일지 몰라도 자발적 참여에 기초한 민주정부가 오히려 강한 정부, 국가를 형성한다는 의미이다. 과거 소련을 통해 알 수 있듯이 공산주의체제가 외형적으로는 뛰어난 면이 있어 보여도, 장기적으로는 계획경제 및 독재의 한계 그리고 동기 부여의 실패라는 모순 때문에 자본주의에 완패 당한 것은 좋은 예가 될 것이다.

제3장
중국은 절대 미국을
따라잡을 수 없다

패권

　　20~30년 내에 중국이 미국을 앞선다는 예측은 논리적으로 초강국인 미국의 위상이 중국의 부상 때문에 흔들린다는 것을 의미한다. 같은 연장선상에서 세계경제는 이미 아시아로 기울었다, 미국은 이미 지쳐 쇠퇴하고 있으므로 중국의 승천을 막을 요인은 어디에도 없다, 인류의 역사는 원래 동방에서 시작, 서역으로 전파되었으므로 역사가 돌고 돈다는 원칙에 따르면 이제는 동방으로 횃불이 돌아올 때가 됐다 등 매스 미디어를 장식하는 다양한 추론은 더 이상 낯선 것이 아니다. 역사상 한 국가의 급작스런 부상이 국제사회에 그 정도의 파장을 일으킨 적도 별로 없었을 것이다. 논의는 결국 중국은 과연 세계패권을 차지할 수 있느냐는 단순한 질문으로 귀결된다.

　　패권은 여러 가지로 정의될 수 있지만, 간단히 이야기하면 한

국가의 능력이 다른 국가들을 압도하며 비교할 수 없는 수준의 영향력을 창출하는 상황을 의미한다. 다른 국가들이 모두 힘을 합하면 모를까 단독으로는 위의 강력한 국가를 당할 수 없는 국제적 조건인 셈이다. 미국은 과연 패권국인가? 물론 그렇다. 과거 냉전시절만 해도 적어도 군사적으로는 거의 대등한 능력을 지닌 소련이 있었으므로 패권국가라고 할 수는 없었으나, 소련이 멸망한 후 미국에 맞대응할 수 있는 국가는 사실상 존재하지 않으므로 미국을 패권국가로 부르는 데는 무리가 없을 것이다. 따라서 논의는 중국이 패권국 미국에 도전하는 것이 가능한지, 가능하다면 승산은 있는지 등으로 집약될 수 있다.

국제정치에 대한 그간의 연구는 대외적으로 국가가 지니고 있는 권력을 크게 세 가지로 분류하고 있다. 군사력, 경제력 그리고 이념(이데올로기) 등이 그것인데, 앞의 두 변수를 인간이 실제로 느끼고 만질 수 있다는 의미에서 경성권력(hard power)이라고 하고, 마지막 변수는 그 반대의 성격을 지니고 있다는 뜻에서 연성권력(soft power)이라고 부른다. 이념은 연성권력의 압축된 표현일 뿐 실제로는 그 범위가 대단히 넓다. 문화 등 인간의 정신활동과 관련된 거의 모든 분야를 포괄하기 때문이다. 예를 들어 컴퓨터의 소프트웨어는 연성권력으로 분류된다. 물론 문화상품 모두도 연성권력이다. 하지만 연성권력은 실체가 딱 떨어지는 실물이 아니고, 그것의 영향력 창출 과정이 대단히 복잡함은 물론, 영향력의 형성에도 많은 시간이 필요하므로 일반적으로 대외권력은 군사력과 경제력을 중심으로 논의된다.

지정학-중국과 미국의 차이

국제정치학에는 앞서 소개한 세력균형과 흡사하게 누구나 인정하는 또 하나의 원칙이 있다. 지정학이 그것인데, 다음의 역학적 현실이 반영된 지적 통찰을 의미한다. 세계의 모든 국가는 서로 다른 곳에 위치하고 있다. 중국은 동아시아 대륙의 한가운데 있으면서 여러 국가에 둘러싸여 있고, 미국은 태평양과 대서양으로 둘러싸인 북미대륙의 가운데에 위치하고 있으며 단지 두 국가와 국경을 맞대고 있다. 영국과 일본은 해협을 통해 대륙과 분리되어 있고, 독일은 유럽대륙의 한가운데 있으면서 동과 서 모두에서 강대국과 인접해 있다. 이것이 곧 지정학이다. 어디에 위치해 있는가에 따라 국가의 외부 환경은 달라지고, 따라서 국가는 생존과 번영을 위해 운명적으로 주어진 조건을 극복해야 함은 물론, 유리한 여건을 조성하기 위해 노력할 수밖에 없는 현실을 의미한다. 요컨대 모든 국가의 대외정책이 생존과 번영이라는 목적은 공유하지만, 그것을 달성하는 수단에서는 차이가 날 수밖에 없다는 사실을 알 수 있다. 바로 그 차이점과 차이점이 보여주는 장단점을 확인시켜주기에 국제정치에서는 지정학을 항상 중시하는 것이다.

영국, 독일 그리고 러시아는 지정학의 영향이 깊게 드리워진 대표적인 국가들이다. 불과 35킬로미터에 불과한 좁은 해협 때문에 영국은 유럽대륙과 분리되어 있다. 외형적으론 아무것도 아닌 것 같지만 섬나라의 전략적 함의는 그야말로 크다. 우선 영국은 자국의 영토를 쉽게 방어할 수 있다. 다른 국가들이 영국을 침공하려면 많은 수의 함정을 동원하여 상륙작전을 감행해야만 한다. 군사전략상으로도 해안의 방위는 침공보다 유리하다. 영국의 침공을 위해서는 많은 인력과 돈이 들고, 승산 또한 높지 않다는 것을 알 수 있다. 근세 이후 나폴레옹을 비롯한 어느 누구도 영국 본토를 점령해본 적은 없었다. 해군력만 강하다면 적국이 해협을 건너는 것을 쉽게 저지할 수 있는 유리한 입장에 있는 셈이다. 영국이 유럽 최강국의 해군력에 비해 최소 두 배 반의 해군력을 유지한 이유를 알 수 있는 대목이다.

대신 같은 원리로 영국이 대륙을 침공하는 것은 어렵다. 영국이 대륙 문제에 대해 불간섭의 원칙을 견지한 이유이다. 단지 유럽이 한 국가에 의해 통일되는 것은 지나치게 힘이 강한 실체가 등장, 영국을 충분히 위협할 수 있는 상황을 의미하므로 대륙에 대해서는 항상 균형추 역할을 했다. 만약 대륙이 두 부류의 동맹체제로 대립되어 있다면 어느 한쪽에 힘이 쏠리는 것을 방지하는 정책을 썼다. 영국의 힘이 워낙 강했으므로 한 쪽을 조금만 밀어줘도 균형은 쉽게 달성될 수 있었다. 그런 영국의 외교적 역할을 균형자(balancer)라고 한다. 노무현 대통령 시절 한국이 동북아시아의 균형자 역할을 하겠다고 나선 것이 얼마나 우스운 일인가를 알 수 있는 대목이다. 대륙에 붙어 있는 한국이 균형자 역할을 할 수는 없는 일이고, 영국 정도의 힘이 있는 것도 아니기 때문이다.

독일은 상황이 전혀 다르다. 서쪽으로는 영원한 강국 프랑스가 버티고 있고, 동쪽으로는 폴란드를 넘어 강력한 육군을 자랑하는 유럽의 거인 러시아가 자리 잡고 있다. 따라서 자국을 방어하는 것이 보통 일이 아닐 수밖에 없는데, 이것이 바로 끊임없는 외세의 간섭으로 통일이 늦어진 이유이다. 통일 이후 국력이 엄청나게 강해지자 지정학적인 열세는 역으로 인접국에 대한 압박으로 둔갑했다. 프랑스와 러시아가 독일에 대해 항상 떨 수밖에 없는 상황이 전개된 것이다. 하지만 전쟁을 하는 경우 독일은 여전히 치명적인 약점을 피할 수 없다. 전선이 동과 서로 분리될 가능성이 있다는 것이 이유이다. 두 전선에서 동시에 전쟁(two front war)을 수행한다는 것은 독일의 군사력이 양분된다는 것을 의미하므로 승전의 가능성은 그만큼 낮아질 수밖에 없다. 지정학적 취약성을 극복하기 위해 개발한 독일의 군사전략이 유명한 전격전(blitzkrieg)이다. 동서의 강대국 중 한 곳을 외교력을 이용해 한시적으로 묶어놓은 다음 나머지 한 국가에 군사력을 집중, 전격적이고 결정적인 승리를 취한 후 다른 곳을 다시 공략한다는 전략이다. 제1차 세계대전 시 유명한 쉴리펜(Alfred von Schieffen) 장군이 고안했으므로 쉴리펜 계획이라고도 한다.

따라서 독일의 군사력은 전격전에 맞도록 편제되어 있었다. 원리상 지구전에는 약할 수밖에 없었는데, 이것이 지구전으로 전개된 두 번의 세계대전에서 모두 패한 중요한 이유이다. 제2차 세계대전에서도 동일한 군사전략이 적용되었다. 1939년 체결된 독소조약(Nazi-Soviet Pact)은 독일의 전략을 다시 한 번 확인시켜준다. 폴란드를 점령, 독일과 소련이 나누어 갖자는 것이 조약의 내용이었다. 즉, 독일이 동쪽의 소련을 외교술로 안심시킨 후 서쪽의 프랑스에 전격전을 단행하겠다는 의미였다. 나중에 독일이 소련을 침공하면서 조약은 휴지조각이 되었고, 예상과는 달리 소련군의 강력한 저항으로 전쟁이 지구전으로 바뀌면서 전격전에 맞도록 편제된 독일군은 패하게 된다. 이상이 독일의 지정학이고, 그것이 반영된 독일 군사 및 외교전략의 핵심 내용이다.

러시아는 또 다른 특징을 지니고 있다. 동쪽은 그런대로 괜찮았지만, 다른 국가와는 달리 서쪽에는 적의 침공을 어렵게 하는 산 혹은 강과 같은 자연적 방어 수단이 전혀 없었다. 또한 서쪽에는 유럽의 최강국이 자리 잡고 있었다. 나폴레옹의 프랑스와 비스마르크 혹은 히틀러의 독일이 대표적이다. 나폴레옹과 히틀러 모두 아무런 자연 제약 없이 러시아의 본토로 쉽게 진격할 수 있었던 이유를 알 수 있다. 그러다 보니 러시아는 자국의 본토가 전쟁의 장이 되는 경우가 많았고, 대규모의 전쟁 시 거의 예외 없이 가장 큰 인명 피해를 입을 수밖에 없었다. 따라서 서쪽 지역에 자연적 지형지물을 대신할 수 있는 수단이 필요했는데, 그것이 바로 앞서 설명한 바 있는 완충지대이다. 특히 폴란드를 비롯한 동구유럽 국가에 러시아가 그토록 집착하는 이유를 알 수 있다. 이렇게 보면 폴란드를 분할하자는 히틀러의 독소조약 제안을 스탈린이 쉽게 승낙한 것은 이상한 일이 아니었다. 제2차 세계대전 직후 동유럽을 완전히 공산화시키며 소련의 속국으로 만든 스탈린은 러시아 역사상 처음으로 완벽한 수준의 완충지대를 구축한 인물로 보아도 무방할 것이다.

미국의 지정학은 전혀 다른 모습을 하고 있다. 우선 태평양과 대서양에 둘러싸여 있으므로 자연적 요인 때문에 사실상 완벽한 수준의 방어가 가능하다. 영국의 도보 해협 정도를 넘는 것도 보통일이 아닌데 넓은 대양을 건너 적이 침공한다는 것은 상상하기 힘들기 때문이다. 운 좋게도 캐나다와 멕시코 두 국가와만 국경을 접하고 있다. 따라서 이들과의 관계만 조정할 수 있으면 본토의 방위에는 전혀 문제가 없다. 캐나다와 멕시코 모두는 처음부터 미국의 적수가 아니었으므로 미국의 자연 방어체제는 신이 내린 선물인 셈이다. 이러한 지정학적 이점 때문에 등장한 것이 미국의 독특한 고립주의(isolationism) 전통이다. 특히 유럽에 대해 '나도 유럽에 신경 쓰지 않을 것이니 유럽도 아메리카 대륙, 즉 서반구(Western Hemisphere)에 대해서는 간섭하지 말라'는 내용을 담고 있다. 1823년 미국의 먼로(James Monroe) 대통령이 처음으로 정한 원칙이라 하여 먼로 독트린이라고 부른다.

미국의 고립주의는 지정학이 얼마나 많은 영향을 미치는지를 잘 보여주고 있다. 미국은 제1차 세계대전에 참전, 최대의 승전국이 되면서 세계 패권을 거머쥘 절호의 기회를 맞았다. 전쟁 후 영국, 프랑스 등 전통의 유럽 강대국들이 미국에게 엄청난 빚을 진 것만 보아도, 미국의 경쟁국은 사실상 사라졌다는 사실을 알 수 있다. 전쟁의 처리를 위한 베르사유 회의에도 참석했고, 미국의 주도하에 국제연맹(League of Nations)이라는 거창한 국제기구가 설립되었음에도 불구하고, 고립주의가 재현되면서 모든 것을 포기한 채 북미대륙으로 다시 몸을 숨기는 희한한 사태가 발생했다. 미국의회가 베르사유 조약의 비준을 거부하며 외부 문제에 미국이 개입하는 것을 단호히 거부한 것이 이유였다. 또 한 차례의 세계대전을 겪은 다음에야 미국이 수퍼파워로 등장하게 된 배경을 알 수 있다. 지정학적으로 오랫동안 미주대륙에서 충돌 없이 산 미국의 특이한 역사가 국제관계에 여과 없이 투영되었던 셈이다

지정학적인 복을 타고 났지만 반대로 외부에 힘을 투사하기는 대단히 어렵다. 미국이 고립주의를 고집할 때는 이것이 문제가 되지 않았지만, 소련에 대항하여 세계의 민주·자본주의를 지키려는 수퍼파워가 된 이후에는 상황이 전과 같을 수 없었다. 자본주의의 중심 국가들이 대양을 건너 동쪽과 서쪽으로 멀리 떨어져 있었으므로 위급 시 짧은 시간에 바다를 건너 힘을 투사하는 것은 사실상 불가능한 일이다. 약점의 극복을 위해 미국은 전진

배치 전략을 활용했다. 한국, 일본, 독일 등과 같은 전략 요충지에 대규모의 미군을 배치하면서 교두보를 미리 마련해 놓는 것이다. 해외에 수많은 미군 캠프가 존재하는 이유를 알 수 있다. 하지만 미국 전략의 가장 큰 문제점은 돈이 많이 든다는 사실이다. 전후 미국의 경제력이 타의 추종을 불허하는 수준이었으니 가능한 일이지 다른 나라는 엄두도 못내는 군사전략이라고 볼 수 있다.

냉전시절 소련은 대륙의 한 가운데 있었으므로 국경을 넘어 외부로 힘을 투사하는 데는 별 문제가 없었다. 외부에 소련군이 주둔할 필요가 없는 이유이다. 한반도의 지정학에 대한 논의에서 그것의 장점은 이미 살펴본 바 있다. 힘의 투사라는 관점에서 냉전시절 소련은 지정학적으로 미국보다 우위에 있었음을 확인할 수 있다. 미국의 무기들이 대양을 넘을 수 있는 전략무기 중심으로 편성되어 있는 이유가 분명해진다. 대표적인 것이 항공모함인데, 세계 어느 곳에나 가장 빠르고 효율적으로 힘을 투사시킬 수 있는 수단이라는 특징을 지니고 있다. 미국은 값 비싼 핵 항공모함을 11척이나 보유하고 있다. 그밖에 대륙간 탄도미사일(ICBM), 전략폭격기(strategic bomber), 그리고 핵잠수함 등의 전략무기들은 대양을 건너 신속히 적을 공격할 수 있는 수단들이다.

중국의 지정학에 대해서는 한반도에 대한 그들의 정책을 통해 잠시 살펴본 적이 있다. 소련과 비슷한 입장에 처해 있는데, 특히 국토의 방어에 치명적인 결함이 있다. 국경의 길이가 너무도 길고, 인접 국가의 수도 대단히 많으며, 인접국의 성향 또한 모두 제각각이다. 과거 중국의 왕조 중 절반 이상이 이민족이 세운 이유를 알 수 있는 대목이다. 자신만의 약점을 극복하기 위해 고안한 수단이 소련이 집착했던 완충지대와 중국의 창작품인 이이제이 전략이다. 하지만 소련과는 다르게 긴 국경과 너무 많은 수의 인접국들이 포위하고 있는 독특한 환경 때문에 동유럽만 취하면 방어의 기본 구도가 마련되었던 소련과는 다른 입장에 놓여 있다. 한 마디로 뚜렷한 대책을 세우기가 어려운 것이다. 독일이 지녔던 지정학적 딜레마와 비슷한 어려움도 지니고 있다. 최악의 경우 전선이 양분 혹은 삼분될 가능성이 언제고 있기 때문이다.

만약 중국이 미국 혹은 소련과 맞먹을 정도의 수퍼파워라면 약점은 상당히 극복될 수 있다. 미국과는 달리 힘의 투사가 용이하다는 장점이 있으므로, 인접 국가들에 대한 압박은 상대적으로 용이할 수 있다. 하지만 현재까지 국력이 그 수준에 미쳐 본 적은 없으므로 독특한 이중 전략을 구사하고 있는 것이다. 앞서 소개한 주은래의 반패권전략과 같이 몸을 낮춤으로써 주변국들의 경계심을 일단 이완시키고, 입장이 다소 호전되면 자신이 지닌 능력을 능가하는 과시적인 태도를 보이며 심리적인 압박을 가하는 전략을 의미한다. 요즘은 둘을 합한 혼합전략을 사용하는 것 같다. 재능을 감추고 때를 기다린다는 도광양회, 평화롭게 대국화한다는 화평굴기, 해야 할 일은 한다는 유소작위, 기세가 등등해져 남에게 압력을 가한다는 돌돌핍인 등 그 내용조차 헷갈리는 용어들이 끊임없이 등장하는 이유이다.

내용을 자세히 살펴보면 '중국은 원래 대국이니 지금 가만히 있더라도 건드리지 말 것이며, 앞으로 때가 되면 실력 발휘를 할 것이니 기다려라' 하는 의미가 공통적으로 내포되어 있다는 사실을 알 수 있다. 몸 낮추기와 은근한 협박을 함께 취하고 있는 셈이다. 하지만 어느 하나도 민주적인 협력과 평화의 개념을 담고 있지는 않다. 과거의 패권국인 영국, 그리고 현재의 초강국인 미국이 그러한 태도를 보인 적은 결코 없었다. 이들의 슬로건은 간단했다. '모든 것을 개방하고 함께 뛰자'는 것이었다. 자유무역주의, 개방적 금융거래, 민주주의 등이 두 국가의 모토였는데, 하기야 지정학적으로 타고난 복이 있고, 세상에서 제일 잘사는 국가들이니 무엇이 안타깝다고 중국과 같은 아리송한 이중적인 태도를 취하겠는가. 이렇게 보면 지정학적인 관점에서 중국이 미국에 비해 열세에 놓여 있는 것만은 분명하다. 따라서 약점을 극복, 미

국과 맞먹는 패권국이 된다는 것이 대단히 어려운 일임을 미루어
짐작할 수 있다.

미국과 중국의 군사패권 경쟁

중국의 군사력, 정말 대단한가?

최근 방한한 아마코스트(Michael Armacost) 전 미국 국무부 차관은 2010년 12월 2일 강연에서 중국의 군사력을 미국의 10분의 1 정도로 평가한 적이 있다. 아마 외형적으로 그렇다는 의미일 것이다. 질적인 면이 고려된 것은 아니라는 말이다. 그의 평가를 그대로 받아들인다 해도 중국이 절대적인 열세에 있다는 사실은 부인할 수 없다. 스톡홀름 국제평화연구소(SIPRI)에 따르면 2009년 미국의 국방비는 6,630억 달러였고, 중국의 그것은 980억 달러 수준이었다. 미국의 국방비는 놀랍게도 세계 모든 국가가 지불하는 방위비의 대략 반 정도이고, 미국의 국내총생산에서 차지하는 비율은 4%를 조금 상회한다. 이라크 전비 때문에 상승한 측면이 있으므로 GDP의 3.5% 정도를 미국이 국방비로 사용한다고 보면 무방할 것이다. 어느 국가든 3~4% 정도의 국방비를 지출해서 경제적으로 큰 부담을 느끼지는 않을 것이다. 뒤집어 이야기하면 미국의 경우 세계 총 군사비의 반 정도에 해당하는 국방비를 큰 경제적 어려움 없이 앞으로도 상당 기간 지출할 능력이 있는 셈이다.

　우선 외형상 중국의 국방비는 미국에 한참 못 미친다는 사실을 알 수 있다. 중국의 실제 국방비는 위의 수치보다는 많다는 주장을 고려하더라도 미국을 상대하기에는 아직 이르다는 점은 부인할 수 없다. 하지만 이것은 어디까지나 외형적으로 그렇다는 것이고 질적인 측면을 따져보면 차이는 가늠이 안 될 정도이다. 우선 군비는 경제학적으로 흐름(flow)이 아니라 축적(stock)의 개념을 지니고 있다. 과거 오랫동안 국방비를 지출하며 쌓이고 쌓인 모든 것이 현재의 군사력인 것이다. 뒤집어 이야기하면 군사력의 강화는 하루아침에 이루어지지는 않는다는 뜻이다. 2009년 미국과 중국 간의 국방비 비교도 축적이 아닌 흐름의 단면만을 보여주고 있을 뿐이다. 미국이 본격적으로 군비에 눈을 뜨면서, 세계적인 군사강국으로 등장한 것은 제2차 세계대전에 참전하면서부터였다. 전쟁을 승리로 이끈 후 숨 쉴 틈도 없이 소련의 도전이 시작됐는데, 따라서 군사력에 대한 투자는 늘 수밖에 없었다. 미국의 군비확장의 역사가 대략 70년 정도임을 알 수 있다.

반면 중국은 과거 너무도 못살았기 때문에 국방비를 증액하면서 군비를 확충할 수는 없었다. 많은 인구를 바탕으로 인해전술을 쓸 수밖에 없었는데, 그 결과는 1960년대 후반 소련과의 국경충돌에서 완패, 그리고 1979년 월남과의 전면전에서 참패로 나타났다. 1960년대 핵무기를 개발했다는 것 외에는 재래식 군비는 형편없는 수준이었음을 알 수 있다. 중국의 군비가 외형상 현재 2위로 올라선 것은 경제력의 결과이다. 따라서 경제가 급속히 성장하기 시작한 1990년대 초반부터 군비확장을 위해 돈을 제대로 쓰기 시작했다고 추론할 수 있다. 미국과 중국의 이러한 차이는 곧 군비의 질적인 격차로 나타날 수밖에 없다. 아마코스트의 중국 군사력에 대한 평가를 양적인 측면만을 계산한 것으로 간주하는 이유이다.

군사 전문가들 중 많은 사람은 다음의 예측에 동의하고 있다. "향후의 대규모 전쟁은 인류 역사상 처음으로 서로 다른 수준의 군사 장비를 사용하는 전쟁이 될 것이다." 멀리 갈 것도 없이 제2차 세계대전만 해도, 미국, 소련, 독일, 영국, 일본 그리고 프랑스 등의 군사 기술은 대략 비슷했다. 사용하는 전투기의 수준이 고만고만했고, 함정의 기능 또한 흡사했으며, 항공모함의 수준에서도 미국과 일본 간에 큰 차이는 없었다. 물론 잠수함, 로켓, 탱

크 등 일부 장비에서 독일이 앞선 측면이 있으나 대세를 결정지을 수준은 아니었다. 따라서 당시에는 지구전을 버틸 수 있는 자원과 인력을 동원할 수 있는 국가가 이길 수 있었다. 자원과 인구 강국인 미국과 소련이 승전국이 된 이유를 알 수 있는 대목이다.

군사력의 질적 차이

지난 70년간 강도 높게 진행된 군비경쟁의 결과, 미국의 군사 장비들은 많은 경우 다른 나라에서는 찾아볼 수 없는 그런 것들이다. 세계 최초의 눈에 보이지 않는 전투기라는 F-22는 말할 것도 없고, 공중조기 경보기(AWACS), 지상의 움직임을 탐지하여 정밀 타격을 가능하게 해 주는 조인트스타즈(Joint Stars), 첨단의 군사위성, 정교한 요격 미사일 등 그 가지 수를 열거할 수 없을 정도이다. 미국의 기술적 진보는 다음과 같은 새로운 전투개념을 탄생시켰다. 1990년 대 이후 아프간과 이라크 전쟁에서 선보인 군사기술상의 혁명(RMA, Revolution in Military Affairs)이 그것인데, 다음과 같이 정의되고 있다. "정보를 취합하고, 가공하며, 배포하고, 그것에 기초하여 상호 교신하는 체제를 만들어 놓고, 이를 군사력이 실제로 발휘되는 시스템과 연계시켜 정보에 기초한 군사행동을 전개한다는 전략이다."

각기 분리되어 발전된 과거의 무기들을, 전자기술의 발전에 기초, 정보를 공유하는 매체를 통해 통합함으로써 하나의 통합된 명령체계에 의해 무기의 통제와 사용이 이루어지는 것을 의미한다. 따라서 미래의 전쟁에서는 명령과 기능상의 책임이 서로 분리되어 있었던 과거 육해공군에 기초한 3개 차원(군)의 전쟁이 시간이나 공간적으로 더 이상 존재하지 않을 것이라고 예측할 수 있다. IT 산업이 눈부시게 발전한 21세기에 접어들면서 RMA는 IT의 특성을 더욱 많이 반영하는 방향으로 발전하고 있다. 따라서 새로운 전쟁의 양상은 정밀유도 무기와 IT 기술에 기초한 이른바 C4IRS 체제(Command, Control, Communications, Computers, Intelligence, and Reconnaissance Systems)로 집약되고 있는 실정이다. 중국도 부러웠는지 1992년 말 중앙군사위원회가 '첨단기술 조건하의 제한전 수행'을 위한 새로운 전략을 개발하겠다고 나섰다. 그것을 위해 '군대의 재구성, 무기의 개발, 군인들의 훈련과 교육, 그리고 중국의 잠재적 위협에 대항하는 전쟁게임의 공식화' 등을 실천하겠다는 것이었다.

지금 현재 정보전쟁을 실제로 구사할 수 있는 국가는 미국밖에 없다. 자동차의 첨단 트랜스미션 기술을 현대 자동차를 통해 얻으려고 기를 쓰는 중국의 공업 수준에 미루어 앞으로 상당 기간 중국이 정보전을 현실화시키기는 어려울 것이다. 더욱이 미국의 예를 살펴보면 군사기술의 개발에서도 중국과 같은 통제체제는 한계가 있을 수밖에 없다는 사실을 발견할 수 있다. RMA를 주도하고 있는 미국의 경우 군사기술의 진보는 대부분 민간분야의 깜짝 놀랄 만한 발전에 기초하고 있다. 민간부분의 기술발전을 위해서는 다음과 같은 조건이 조성되어야 하는데, 사회의 개방성, 정치체제의 유연성, 경제의 자유화, 그리고 사회 구성원의 문화수준 향상 등이 그것이다. 앞서 서구의 기술발전 역사를 통해 알 수 있듯이 자유로운 사고와 정보의 교환이 이루지지 않는 곳에서 지식과 기술의 진보를 기대할 수 없다는 명제가 놀랍게도 21세기 첨단 군사기술 개발 분야에서도 그대로 적용되는 셈이다.

위의 현실을 중국에 비추어보면, 대답은 저절로 나온다. 우선 정치, 경제 및 사회의 전체적인 혁신 없이는 군사기술의 발전에도 한계는 있을 수밖에 없다. 중국의 지도층이 혁신적인 수준으로 중국사회를 자유화시킬 의사를 피력한 적은 현재까지 없다. 중국 출신 군사전문가의 다음과 같은 진단은 중국의 현실을 예리하게 꿰뚫고 있다. "IT 시대 모든 사회는 군사분야의 변혁을 일으키기 전에 지력(knowledge power)을 습득하여야만 한다. 여기서 폐쇄적인 권위주의체제는 상상과 기술혁신을 질식시키고, 정치와 학문적 담론(discourses)에 많은 금기 사항을 강요하게 된다. 중국은 천천히 개방되고 있다. 중국의 국가구조가 과거보다는 덜 경직되어 있다 하더라도 사회적 제약은 견고하며, 오랫동안 지속될 것이다. 요컨대 (중국 군사기술의 혁신에 있어) 체제적 제약은 중국의 사회 및 정치체제에 뿌리를 두고 있는 셈이다."(You Ji, "Learning and Catching Up," 2004)

세력권—전쟁을 각오하기 전에는 건드릴 수 없는 영역

멀리 갈 것도 없이 가장 최근에 중국의 군사능력을 테스트해 볼 수 있는 절호의 기회가 찾아왔다. 연평도 포격 직후 미 제7함대의 서해 진입이 그것인데, 미 함대 출현의 전략적 의미를 알기 위해서는 국제정치의 또 다른 중요한 원리인 영향권 혹은 세력권(sphere of influence)에 대한 이해가 필요하다. 국제정치에서 강대국들은 자신만의 세력권을 가지고 있다. 세월이 지나면서 세력권은 이해지역(sphere of interest)로 바뀌게 되고 강대국은 서로의 세력권을 존중하게 된다는 원칙이다. 뒤집어 보면 누구든 세력권을 건드리면 보복을 받게 된다는 것을 의미한다. 세력권의 형성은 우선 강대국의 방어 전략에 기초하는 경우가 많고, 어떤 때는 다른 국가와는 다른 독특한 대외전략과 그것에 기초하여 형성되는 이해 때문에 생성된다.

동유럽이 대표적인데, 제2차 세계대전 이후 스탈린에 의해 사실상 소련의 속국이 되면서 소련이 그토록 원하던 완충지대 역할을 하게 된다. 소련에게 완충지대는 방어를 위한 핵심 이해였다. 따라서 미국을 비롯한 서방은 동구를 소련의 영향권으로 인정했다. 소련에 대항한 민주봉기인 1956년 헝가리 의거, 그리고 1968년의 체코 민주화 운동 등을 서방이 모른 척했던 이유이다. 전쟁을 각오하기 전에는 건드릴 수 없는 영역인 셈이다. 러시아와 같은 인종과 종교를 공유하고 있는 발칸 지역도 러시아의 세력권으로 인정되고 있었다. 보스니아, 헤르체코비나, 코소보, 크로아티아 등을 의미하는데, 소련이 소멸하기 전에 영국과 미국이 이곳에 진입한 적은 한 번도 없었다. 소련을 계승한 러시아가 힘의 한계를 보이면서 미국은 처음으로 발칸 지역에 진출할 수 있었다. 1999년 미군의 코소보 파병이 그것이다. 당시 미국의 개입에 러시아는 마치 세계대전이 일어날 것처럼 협박을 했지만 군함 한

척 파견하지 못했다.

영국의 경우는 해양의 강자답게 세계의 주요 해협을 세력권으로 통제했다. 지중해와 대서양을 잇는 스페인 남부의 지브롤터 해협, 인도양과 태평양을 관통하는 말레이시아의 말라카 해협, 그리고 흑해와 지중해를 연결하는 터키의 보스포루스와 다다넬스 해협 등이 대표적이다. 제2차 세계대전 이전까지 해협은 영국 세계전략의 핵심 이해 지역이었으므로 어느 국가도 해협을 건드려본 적이 없다. 미국도 세력권이 있는데, 앞서 소개한 먼로주의에 기초, 아메리카 대륙 전체를 권역으로 인정받고 있다. 따라서 어느 국가도 미국의 의사에 반하여 이곳으로 진출할 수는 없는 일이다. 그렇다면 세력권을 건드리면 구체적으로 어떤 일이 발생할까? 1962년 발발한 쿠바 미사일 위기(Cuban missile crisis)를 살펴보면 대답을 구할 수 있다.

1962년 10월 공산화된 지 얼마 지나지 않은 쿠바에 소련이 제공한 중거리 탄도미사일 발사대가 설치되는 것이 미국 정찰기에 의해 촬영되면서 미국은 발칵 뒤집어졌다. 중거리 미사일은 수도 워싱턴은 물론 뉴욕까지를 사정권에 두고 있었다. 여차하면 미국의 두 핵심 도시가 핵폭탄을 뒤집어 쓸 수 있는 상황이었다. 소련이 미국의 전통적인 세력권을 침범한 것이다. 당시 미국 대통령 케네디의 대응은 단호했는데, 한마디로 "소련이 미사일을 철수하지 않는 경우 미국은 핵전쟁을 각오하고 있다."는 것이었다. 선언이 있은 지 불과 2주 만에 소련은 굴복했다. 세력권이 국제정치에서 무엇을 의미하는지를 잘 보여주고 있는 사례이다. 그러나 한번의 결정적인 실수가 몰고 온 파장은 너무도 컸다. 당시 미국이 보유하고 있던 전략 폭격기를 소련은 가지고 있지 않았다는 것이 굴복의 이유였다. 핵전쟁이 일어나면 대륙간 핵탄두 미사일을 주고받으며 상호 간에 막대한 피해를 줄 수는 있다. 하지만 미국은 다수의 전략 폭격기에 핵탄두를 장착시키고 대륙을 횡단, 소련의 주요 목표를 공격할 수 있는 또 다른 군사 옵션을 지니고 있었다. 이 경우 미국의 막대한 피해는 불가피하지만, 반대로 소련은 러시아 인종의 멸종을 각오해야만 한다.

그 후 쿠바의 굴욕을 되풀이하지 않기 위해 소련은 군비확장에 박차를 가하게 된다. 브레즈네프 시절에는 미국과 비슷한 전략무기를 보유하게 되는데, 그 결과가 전략무기제한협정(SALT)이다. 한 마디로 "양국 모두가 상대방을 확실히 죽일 수 있는 무기를 충분히 가지고 있으니 더 이상의 무기 개발은 하지 말자는 것"이었다. 소련이 많이 컸다는 것을 미국이 인정한 셈이다. 하지만 후폭풍은 너무도 거셌다. 미국을 따라잡겠다고 그 많은 돈을 군비 확장에 퍼부었으니 가뜩이나 열세였던 소련의 경제가 침하되는 것은 당연했다. 브레즈네프 집권 후기부터 경제적 쇠퇴가 가시화되기 시작했고, 고르바초프를 거치며 1991년 12월 소련은 지구상에서 모습을 감추었다. 능력에 비해 돈을 많이 썼으니 당연한 결과이지만, 중국에 주는 의미는 클 수밖에 없다. 미국의 군사력을 따라잡으려고 능력에 비해 돈을 지나치게 많이 쓰는 경우 소련처럼 되지 말라는 법이 없기 때문이다. 아무튼 세력권이 대단히 중요하고 세력권에 대한 오판이 얼마나 큰 반향을 일으키는지를 상기시켜주고 있다. 이렇게 보면 그 동안 겪었던 지역 분쟁의 대부분은 세력권이 불분명한 곳에서 발생했음을 알 수 있다.

중국의 세력권에 뛰어든 미 제7함대

상기의 논의를 연평도 포격 직후 미국 항공모함의 서해 진출에 투영해 보면 다음의 그림을 얻을 수 있다. 한국전쟁이 종식된 후 미군의 주력함대가 서해에 진입한 적은 없었다. 중국은 틈만 나면 서해를 자신들의 내해라고 주장했다. 미국의 묵시적인 메시지는 한국의 이해를 건드리지 않는 한 서해로의 진출은 삼가겠다는 것이었다. 뒤집어 보면 미국이 묵시적으로 서해를 중국의 세력권이라고 인정한 셈이다. 2010년 3월 천안함 폭침 사건 직후 미국이 서해에 항공모함을 파견하겠다는 의사를 피력하자, 중국은 노발대발하며 반대했다. 미국도 중국의 입장을 반영, 애초의 의사를 접었다. 하지만 11월 연평도 포격 사태가 발생하자 미국은 주저 없이 핵 항공모함 조지워싱턴 호를 서해에 급파하며 한국전 이후 최대 규모의 한미해상 합동훈련을 감행했다. 반면 중국은 변변한 비난 논평 한 번 내지 못했다. 겉으로는 군사훈련을 한 번 한 것으로 비쳐지지만 전략적으로는 대단히 중요한 의미를 지니고 있다.

우선 세력권에 가상 적국 혹은 경쟁국이 출몰하는 데도 아무 조치를 취하지 못했다는 것은 미국에 대항하는 중국의 외교 및 군사적 능력이 사실상 없다는 것을 의미한다. 앞서 쿠바의 위기에서 보듯이 상대국의 세력권을 침범하는 것은 전쟁을 각오하기 전에는 불가능한 일이다. 만약 현재의 중국이 과거 소련 정도의 수준이었다면 패권국 미국이라도 서해에 7함대의 무시무시한 주력 함정을 파견할 수는 없는 일이다. 따라서 중국으로서는 우선 외교력을 동원하여 미국의 진출을 어떤 방식으로든 막아야만 했다. 만약 외교적으로 불가능하다면 최소한 대응발진은 해야 한다. 다시 말해 서해에 진출한 미국의 함대와 엇비슷한 규모의 함대를 파견하여 동일한 규모의 군사훈련을 일정한 간격을 두고 옆에서 전개하는 것을 의미한다. 하지만 중국은 그럴 능력이 전혀 없었다. 가만히 앉아 군사력의 열세를 한탄하며 한숨을 쉬었을 것이다.

그런 상황의 파급효과는 어찌 보면 치명적일 수도 있다. 우선 중국 군사력의 실체가 전 세계에 낱낱이 공개된 사실이 중요하다. 대응 발진도 못할 수준이라면 중국의 군사력은 더 이상 논쟁거리가 될 수 없다. 당연히 주변국들이 중국의 군사력을 무서워할 이유가 없어지는 것이다. 대국이라는 사실에 기초, 부풀려진 으스대기 식의 중국외교도 힘을 발휘할 수 없게 된다. 종이 호랑이라는 것을 안 이상 그것을 두려워할 국가는 없는 법인데, 특히 한국, 일본, 대만, 베트남, 그리고 인도의 인식이 그러하다면 중국의 외교력은 타격을 입을 수밖에 없다. 사실상 미국 대통령의 특사 자격으로 한국을 최근 방문, 한국 측과 새로운 군사전략을 협의한 마이클 멀린 미 합참의장은 방문 직전 '향후 서해에 조지 워싱턴 항공모함을 계속 파견할 것'이라고 공언한 바 있다. 이렇게 되면 서해는 중국의 내해에서 사실상 미국의 작전구역으로 바뀌게 된다.

서해 작전이 마무리된 지 얼마 지나지 않아 전력을 한층 보강한 미 7함대의 주력은 일본과 중국 간에 날카로운 신경전의 대상이었던 센카쿠 열도 동쪽에 결집, 2010년 12월 3일부터 10일까지 일본의 해상 자위대와 함께 전후 최대 규모의 연합훈련을 전개했다. 군사 전문가들은 그 규모가 서해 훈련의 무려 다섯 배라고 전언하고 있다. 과거와는 달리 중국은 비난 성명하나 내지 못하고 침묵으로 일관했다. 불과 한 달 사이에 중국의 내해와 앞바다에서 중국의 주요 시설을 사실상 초토화시킬 수 있는 대규모의 군사훈련이 한국전쟁 이후 최초로 미국의 주도하에 전개된 것이다. 전략적으로 엄청난 파장이 가능하기에 중국이 어떻게든 미국의 움직임을 막아야 했다고 보는 것이다.

중국의 경우 군사적으로 대응이 불가능하다면 외교력을 동원할 수도 있었다. 방법은 하나뿐인데, 미국에 직접 북한의 사과와 재발 방지를 이끌어내겠다고 약속하고, 그것을 위해 이번에는 중국이 북한에 대해 실질적인 영향력을 행사하겠다고 확약하는 것이다. 만약 그런 조치가 신속하게, 그리고 신뢰를 주는 수준에서 이루어졌다면 항공모함의 서해 진입만은 막을 수 있었을 것이다. 물론 미국도 서해를 피해 동해로 전함을 파견한다면 체면 손상은 피할 수 있다. 그러한 묘책을 외면했기에 중국의 태도를 이해할 수 없다는 주장이 나오는 것이다. 미국과의 관계에서 중국이 입은 전략적 손실이 위와 같다는 것도 중요하지만, 북한과 관련된 전략적 이해구도에 변화 조짐이 있다는 사실은 더욱 의미심장하다.

지금까지는 중국이 북한을 싸고돌면서 전략적 이득을 취했을지 모르지만, 향후 북한을 감싸는 경우 중국도 전략적 손실을 감수해야만 하는 구도가 형성되기 시작한 것이다. 과거와는 다른 새로운 이해의 방정식이 한반도를 중심으로 만들어지고 있는 셈이다. 앞서 소개한 아마코스트의 강연 내용은 변화하는 전략구도의 실체를 보여주고 있다. "미국인들의 대중국관은 나뉘어져 있었습니다. 누구는 중국을 잠재적 적국이라고 생각하고, 또 다른 사람은 다만 거센 경쟁국일 뿐이라고 여기며, 많지는 않지만 일부는 유망한 지구촌 파트너라고 간주합니다. 세 의견이 다 맞을 수도 있습니다. 그러나 묵과할 수 없는 중요한 사실 하나가 있습니다. 그것은 바로 중국이 미국에게 '잠에서 깨어나라'는 경종이라는 사실입니다." 지금부터는 미국의 대중국 정책이 바뀌면서 중국을 압박하는 전술을 미국이 본격적으로 구사할 것이라는 메시지로 이해하면 될 것 같다. 바로 이 점이 중국을 아프게 하는 전략구도의 변화이다.

중국의 군사적 도전과 관련하여 또 다른 중요한 사실이 있다. 중국은 과연 자신들의 경제적 명줄이라 할 수 있는 원유의 수송을 자력으로 책임질 수 있을까? 중국이 제공하는 원유가 북한의 명줄이듯이, 중국으로 운반되는 원유 또한 중국의 명줄일 수밖에 없다. 2008년을 기준으로 중국이 소비하는 총 원유의 약 45%가 중동으로부터 수입되었다. 중동에서 원유를 싣고 출발한 대형 유조선은 호르무즈 해협을 거치고 인도양을 지나, 말라카 해협을 통과한 후 중국으로 가야만 한다. 중국해군은 긴 해로 중 과연 어느 부분을 관장하고 있을까? 위의 모든 전략 요충 해로는 미국 해군력의 보호를 받고 있다. 미국의 관할 영역인 셈이다.

엄밀히 말하면 중국은 미국의 해군력에 의존하면서 막대한 석유를 수입, 고속 경제발전을 꾀하고 있다. 중국도 이 점이 아팠는지, 미얀마를 관통하는 송유관을 건설, 인도양을 통해 내륙으로 원유를 운반하는 계획을 추진 중이라는 소식이 있다. 성공만 하면 사실상 미국의 통제하에 있는 말라카 해협은 지나지 않아도 된다. 계획이 성공한다는 보장도 없지만, 설사 성공한다 하더라도 미국 해군력의 세력 범위를 완전히 벗어날 수는 없는 일이다. 과거 소련의 경우 적어도 전략물자는 완전히 자급자족했다. 따라서 막강한 미 해군력의 직접적인 세력권에서는 벗어날 수 있

었다. 바로 그런 자원의 독립성이 소련으로 하여금 미국과 정면
승부를 가능하게 한 중요한 요인이었다. 중국이 처한 상황이 위
와 같다면 과연 중국이 미국에 도전한다는 것이 가능할까? 적어
도 현재까지 핵심 원자재를 자력으로 보호할 수 있는 능력이 없
는 국가가 수퍼파워가 된 적은 없다. 뒤집어 이야기하면 위기 시
중국의 원유 수송로는 미국이 언제든 봉쇄할 수 있는 중국경제의
아킬레스건인 셈이다.

중국의 경제적 도전과
미국의 경제패권

경제패권과 기축통화

중국의 장밋빛 미래를 점치는 예측의 근거는 당연히 중국 경제력의 팽창이다. 몇 십 년 지나면 중국이 미국을 따라 잡을 것이라는 주장을 가만 들여다보면 미국의 경제패권이 중국으로 넘어갈 수도 있다는 사실이 암시되어 있다. 한마디로 천지개벽의 상황이 전개될 가능성이 있다는 것이다. 그렇다면 미국은 현재 경제패권국인가? 그렇다고 보아야 할 것이다. 경제패권은 도대체 무엇인가? 답변을 위해서는 패권의 성격, 그리고 구성요소에 대한 이해가 있어야 한다. 간단히 답하기는 어렵지만, 패권에 대한 일반적인 정의와 같이 세계에서 경제적 영향력이 가장 크며, 다른 국가와 비교해서도 영향력이 압도적인 국가를 패권국이라고 보면 무방할 것이다. 그렇다면 영향력이 행사되는 메커니즘은 무엇인가?

아래의 설명을 통해 드러나겠지만, 질문에 대한 답을 구하면 중국이 경제패권국이 될 수 있는지에 대해 판단이 가능해질 것이다.

국가 간의 경제관계, 즉 국제경제는 크게 두 가지의 요소로 구성되어 있다. 국경을 넘어 재화와 용역이 교환되는 국제무역과 자본이 거래되는 국제금융이 그것이다. 거래는 결국 돈을 매개로 이루어지므로 통화의 개입은 불가피해진다. 모든 국가는 자신들만의 통화를 가지고 있기 때문에 서로 다른 통화의 가치를 평가하여 교환하는 수밖에 없다. 여기서 통화가치 평가를 환율이라고 부른다. 마지막으로 수많은 국가가 다수의 거래를 할 때마다 한 국가의 통화를 다른 여러 국가의 통화와 비교, 교환한다는 것은 불편할 수밖에 없다. 따라서 각국이 자신의 통화를 사용하지 않고 공통의 거래수단을 사용하는 경우 편리함은 당연히 증대된다. 바로 이 공통의 거래수단을 결정하는 메커니즘을 국제통화체제(international monetary system)라고 하고, 그렇게 결정된 수단을 기축통화(key currency)라고 부른다.

공통의 수단이 결정되는 과정은 대단히 복잡하지만 다음과 같이 상식적으로 판단할 수도 있다. 우선 누구든지 인정하는 신용이 있어야 한다. 즉, 믿고 사용할 수 있도록 가치가 보장되어야 하는 것이다. 또한 많은 사람이 사용할 의사가 있어야 한다. 역사적으로 그런 조건을 가장 많이 충족시키며 국제경제의 거래 기준이 되었던 수단은 금, 영국의 파운드화, 그리고 미국의 달러화 이외는 없었다. 흥미로운 점은 위의 두 국가가 과거와 현재의 경제패권국가라는 사실이다. 그렇다면 기준통화를 제공하는 국가가 곧 패권국이냐는 질문이 가능한데, 그렇다고 보면 큰 무리는 없을 것이다. 따라서 다양한 의미를 지니고 있는 경제패권이라는 개념은 줄이고 줄여보면 결국 통화패권이라는 등식이 성립된다는 사실을 알 수 있다. 따라서 중국이 세계의 경제패권국이 된다는 것은 그들의 통화인 위안화가 달러화를 능가하며 세계에서 널리 사용되는 기축통화가 된다는 것을 뜻한다.

미국의 통화패권 구도

패권의 역사와 기본 구도

미국의 경제패권은 제2차 세계대전이 끝나면서 형성되었다. 전후 미국의 총생산은 세계 전체의 절반을 상회했고, 당시까지만 해도 가치판단의 기준으로 중요한 역할을 했던 금도 세계 전체의 약 70%를 보유하고 있었다. 독일과 일본은 패전국이니 말할 것도 없고, 프랑스 역시 독일에 패하며 경제적으로 치명적인 상처를 입었다. 미국 이외의 유일한 자본주의 승전국이었던 영국이 있었으나 전쟁의 피해가 워낙 컸고, 빚 또한 많이 졌으므로 과거의 위세를 찾을 수는 없었다. 그렇다면 마지막 남은 국가는 미국뿐인데, 미국의 위상이 위와 같다면 미국이 국제경제의 주도권을 행사하는 것은 이상한 일이 아니었을 것이다. 지도국의 위상에 오른 미국은 우선 전쟁으로 붕괴된 국제경제의 룰을 만들어야 했다. 국제통화질서의 회복을 위해 국제통화기금(IMF)이, 국제통상 문제의 국제적 조율을 위해서는 관세와 무역에 관한 일반협정(GATT)이 설립됐다.

국제통화와 관련하여 흥미로운 점은 IMF의 규약 어디에도 미국 달러화가 기축통화라는 사실을 규정한 조항은 없다는 사실이다. 하지만 당시 달러화만이 금과 태환이 가능한 안전 통화였으므로 달러화는 가치판단의 기준이 될 수밖에 없었다. 그렇다고 달러화가 세계의 모든 거래를 휩쓸었던 것은 아니다. IMF 출범 직후인 1947년 세계 총 외환보유고 139억 달러 가운데 달러화의 비율이 18억 5,000만 달러인데 반해, 영국의 파운드화는 훨씬 많은 121억 달러(파운드화를 달러 가치로 환산)였다. 1954년에야 총 외환보유고 153억 달러 중 달러화 70억 달러, 파운드화 69억 8,000만 달러를 기록, 두 통화의 비율이 처음으로 역전된다. 쇠퇴의 길을 걷고 있던 영국의 통화였지만 상당히 오랫동안 기축통화 역할을 했다는 사실을 알 수 있다. 영국경제의 부실로 파운드화가 기축통화권에서 완전히 이탈한 것은 1960년대 후반이었다.

위의 통계는 국제통화의 위상이 하루아침에 변할 수는 없다는 사실을 보여주고 있다. 미국이 영국의 국내총생산을 앞서기 시작한 것은 오래전인 1870년대 초였다. 제1차 세계대전 직전인 1913년에는 미국이 영국을 두 배 이상 앞서게 되고, 그 후 격차는 더욱 벌어지면서 오늘에 이르렀다. 중국이 그토록 자랑하는 경제 규모에 관한 한 영국과 미국 간의 경쟁은 이미 100여 년 전에 끝난 셈이다. 제1차 세계대전이 끝난 후 영국은 미국에게 당시의 가치로 무려 43억 달러의 빚을 졌지만 기축통화는 엄연히 파운드화였다. 달러화의 국제화는 1920년대 중반이 되어서야 시작되었다. 그럼에도 불구하고 제2차 세계대전이 종식된 후에도 상당 기간 파운드화는 기축통화였다.

통화패권이 바뀌는 데 미국의 경제규모가 영국을 앞지르기 시작한 시점인 1870년 초반을 기준으로는 약 90년이 걸렸고, 달러화의 국제화가 이루어지기 시작한 1920년대부터 계산하면 50

년 정도가 걸린 셈이다. 통화는 사람들의 믿음에 기초하고 있다는 사실이 가장 중요한 이유이다. 믿음이라는 용어가 명시하듯, 신용은 강제된 것이 아니라 시장원리에 따라 서서히 자연스럽게 형성된다. 자본주의에 대한 오랫동안의 관찰이 그러하므로 영국의 유명한 경제 전문가 배젓(Walter Bagehot)은 다음의 유명한 명언을 남겼다. "신용, 즉 통화는 스스로 성장한 것이지, 의도적으로 만들어진 권력이 아니다." 이 말은 곧 신용이 쌓여 굳혀지는 데도 많은 시간이 필요하고, 반대로 신용이 붕괴되는 데도 그만큼의 시간이 걸린다는 사실을 의미한다.

시기적으로 1970년 전후는 미국의 통화패권이 오늘의 모습을 갖추게 된 시점으로 간주된다. 1960년대 말 파운드화가 붕괴되면서 과거 파운드화권의 국가들이 대거 달러 권역으로 이동한 것도 이유가 되지만, 다음과 같은 결정적인 사태가 전환점이 되었다. 미국만이 금본위제를 시행하고 있었는데, 값비싼 전쟁이었던 월남전의 확대, 대규모 복지예산의 지출 등으로 미국이 대외적으로 적자를 기록하기 시작하면서 문제가 불거졌다. 미국의 적자는 특히 서유럽 국가들의 흑자를 의미한다. 그런데 달러화를 많이 보유하게 된 국가들이 달러화를 금으로 태환하는 일이 잦아지면서 미국의 금보유고는 점차 줄어들었다. 프랑스가 그 일을 주도하였으므로 역사는 통화패권에 대한 프랑스의 도전이라고 기록하고 있다.

국제금융, 자금의 순환 그리고 통화패권의 형성

미국의 대외적자가 늘어나자 미국은 달러화를 발행하며 적자를 메웠다. 반대로 흑자국가들은 적정 보유 수준을 넘는 과잉 달러화를 미국의 재무부 채권 등에 투자하면서 달러화가 순환되는 메커니즘이 자리 잡게 된다. 미국이 대외채무에 의존, 국제경제를 운영하는 새로운 운영체제가 뿌리 내리기 시작한 것이다. 이 과정이 심화되면서 미국의 금보유고보다 월등히 많은 달러화가 해외에서 유통되는 상황이 전개되었는데, 다음의 통계를 통해 정도를 확인할 수 있다. 1971년 미국이 보유한 금의 가치는 121억 달러였지만(금 1온스=35달러), 해외유통 달러화의 규모는 678억 달러였다. 외국 소유 달러화 모두를 금으로 태환하는 것이 불가능하다는 것이 명백해진 것이다. 바로 이때 프랑스의 대규모 금 태환 위협이 있자, 1971년 8월 닉슨 대통령은 달러화의 금 태환 정지를 일방적으로 단행했다(닉슨 쇼크).

과잉 발행으로 이미 가치가 저하된 달러화를 현실화시키는 조치가 뒤를 이을 수밖에 없었다. 달러화는 같은 해 12월 7.89%,

그리고 1973년 2월에는 10% 두 차례 평가절하되었다. 이 말은 달러화의 가치가 얼마든지 떨어질 수 있다는 것을 의미했고, 달러화의 안정성을 보장하는 메커니즘 또한 사라졌다는 것을 뜻한다. 시장원리상 달러화를 기피하는 것이 당연한 이치인데, 현실은 전혀 달랐다는 것이 달러패권의 핵심 내용이다. 우선 미국 이외의 국가에서 달러화가 너무 많이 유통되어 기축통화의 위상이 사실상 굳혀졌다는 것이 중요했다. 엄청난 규모의 달러화를 각국의 통화당국이 보유하고 있었고, 민간부문에서도 상당 규모의 달러화가 유통되었으므로 상기와 같은 충격적인 조치가 단행되었더라도 달러화를 소진할 현실적인 방법은 존재하지 않았기 때문이다. 세계 전체가 이미 달러화에 심하게 '중독'되었던 것이다.

달러화를 대신할 통화가 존재하지 않았다는 것도 달러패권의 또 다른 이유이다. 당시 안정성이 시장에서 인정되면서 기축통화의 반열에 오르기 시작한 독일의 마르크화와 일본의 엔화가 있었으나 경제의 규모, 세계시장에서의 활성화 정도에 비추어 달러화를 대신할 정도의 수준은 아니었다. 다음의 통계를 통해 당시의 상황을 알 수 있다. 1970년 각국 통화당국들의 외환보유고에서 달러화가 치지하는 비율은 77%였다. 하지만 1979년에는 달러화의 비중이 오히려 높아져 83%를 기록했고, 마르크화의 비율은 9%, 엔화는 7%였다. 시장의 예상과는 달리 달러화의 금 연계 사슬이 끊어졌음에도 불구하고 달러화의 위상에는 변화가 없었다. 이후 달러화의 팽창이 계속되면서 비중은 점차적으로 축소되었다. 1990년 마르크화의 비율이 20%, 1991년에는 엔화가 16%를 기록하며 정점에 이르게 된다. 당시 달러화의 비율은 두 해 모두 62%였다. 마르크화와 엔화의 이 비율이 전후 두 통화가 기록한 최고치이다. 그 후 달러화의 비중은 65% 정도 수준에서 안정화된다.

위에서는 '달러 중독 현상'이라고 표현했지만, 프랑켈(Jeffrey Frankel)은 다음의 논리로 중독을 설명하고 있다. "누구도 영어가 언어로서의 아름다움, 단순성, 그리고 유용성 등이 뛰어나기 때문에 세계 공용어가 되었다고 주장할 수는 없다. 하지만 국적이 서로 다른 사람이 가장 많이 사용하고, 또 사업 등에서 사용하는 빈도가 계속 증가하는 언어임에는 틀림없다. 사람들은 다른 사람들도 같은 것을 택할 가능성이 가장 높다는 믿음에 기초하여 통화를 택하듯이 (세계의) 공용어를 선택하는 것이다." (Frankel, "Still the Lingua Franca," 1995) 위의 현상을 전문 용어로는 '네트워크의 외부효과(network externalities)'라고 하는데, 더 많은 사람이 사용할수록 증대되는 편의성과 다른 사람들도 같은 것을 사용할 것이라는 기대치의 상승 때문에 더 많은 사람이 모인다는 의미이다.

1971년 이후 미국정부는 금보유고의 제약을 받지 않고, 시장에 무리가 가지 않는 범위 내에서 달러화를 마음대로 발행할 수 있게 되었다. 이것이 통화패권의 또 다른 핵심 내용인데, 전문 용어로는 발권력(seignorage)이라고 부른다. 국내에서 유통되는 통화를 각국의 중앙은행이 발행하듯이, 세계에서 유통되는 달러화의 발권력은 미국의 연방준비제도이사회(Federal Reserve Board)가 갖고 있는 셈이다. 그렇다면 발행된 달러화는 어떻게 순환될까? 막대한 대외적자에도 불구하고 미국이 균형을 유지할 수 있는 비결은 무엇인가 등의 질문이 이어질 수 있다. 흥미롭게도 질문에 대한 대답은 달러패권의 또 다른 측면을 생생하게 보여주고 있다.

미국이 엄청난 규모의 대외적자를 겪는다는 것은 다른 어느 국가는 미국에 대해 흑자를 기록한다는 것을 의미한다. 수출의 경우를 예로 들면, 우선 상품을 미국에 판매한 대가로 다른 국가들의 수출업자는 달러화를 취득한다. 수출업자의 달러화는 국내에서 자국 통화로 환전되는데, 이 말은 교환되는 달러화만큼 국내통화가 풀린다는 것을 의미한다. 역으로 중앙은행은 국내통화를 지출한 것만큼의 달러화를 갖게 되는 바, 그것을 외환보유고라고 부른다. 물론 수입은 반대의 과정을 거치게 되고, 자본거래도 원리는 동일하다. 아무튼 위의 거래를 어느 시점에서 총결산하면 전체적으로 흑자 혹은 적자 여부를 알 수 있다. 바로 그 거래 기록을 IMF가 만들어 각국에 제시하는 회계장부인 국제수지(balance of payments)라고 한다. 여기서 중요한 것은 흑자의 경우 국내에서는 그만큼의 국내통화가 발행되는 것이므로 인플레이션을 유발하게 된다는 사실이다.

인플레이션을 방지하기 위해서 팽창된 통화는 다시 회수되어야만 한다. 중앙은행은 채권을 발행, 판매함으로써 늘어난 시중 통화량을 회수하는 방법을 주로 사용하는데, 중앙은행의 그러한 조치를 전문용어로는 불태화(不胎化) 개입(sterilized intervention)이라고 한다. 문제는 채권에 이자가 붙어 있다는 사실이다. 따라서 중앙은행은 발행한 채권만큼 이자를 지불해야만 한다. 뒤집어 이야기하면 국제거래를 통해 중앙은행이 얻게 된 달러화를 그냥 쌓아놓으면 중앙은행은 큰 손실을 입는다는 사실을 알 수 있다. 채권의 이자 비용을 상쇄하기 위해서는 달러를 어딘가 투자하여 수익을 창출해야 하지만, 말처럼 쉬운 일은 아니다. 우선 공금이므로 떼이지 않는 곳에 투자해야만 한다. 그러한 투자가 가장 대규모로 이루어지는 곳이 바로 뉴욕의 금융시장인데, 구매의 대상인 미국의 다양한 채권 중 가장 안전한 것은 당연히 미국정부가 보증하는 재무부 채권일 수밖에 없다(TBs, Treasury Bills 혹은 Bonds). 흑자의 결과물인 과잉 달러화는 다시 미국으로 재순환된다는 사실을 알 수 있다. 이상이 미국이 막대한 대외적자를 겪으면서도 경제를 꾸려갈 수 있는 비결이다.

국제경제 전문가들이 "발권의 특권(privilege of seigniorage)은 외국의 자원을 취하는 데 드는 비용을 빚으로 메울 수 있는 능력을 의미한다."고 설명하는 이유를 알 수 있다. 비슷한 맥락에서 다음과 같은 멋진 설명도 발견할 수 있다. "(1970년대) 새로운 국제통화 체제가 부상한 사실은 패권국에서 발전한 금융주도형 경제성장 체제의 대외적인 투사(projection)로 간주할 수 있다. 여기에는 제도적으로 중요한 전제 조건이 있다. 즉, 미국의 대외적자로부터 연유되는 막대한 유동성을 재순환하기 위해 반드시 필요한 시장과 중개인의 세계적인 네트워크가 그것이다. 그러므로 국민소득의 중요한 소스로서 (달러화의) 발권력이 부각되는 상황은, 미국의 부채거래를 위해 치밀하게 짜인 시장을 형성하는 데 있어 대단히 유효했던 미국 민간금융의 국제화 없이는 상상할 수 없는 일이다."(이상의 인용은 Maria Ivanova, "Hegemon and Seigniorage," 2008) 통화패권과 국제금융이 어떻게 연계되어 있는지를 알 수 있는 대목이다.

안전하고, 환금성이 보장되어야 하며, 또한 투자에 대한 적정의 이득을 취할 수 있어야 함은 물론, 거래물량 역시 풍부하여 원하는 시점에 금융상품에 대한 구매와 판매가 가능해야 한다. 이 조건들이 충족되어야 각국의 중앙은행은 공금인 잉여외환을 투자할 수 있다. 전 세계에서 위의 조건을 충족시키는 금융시장 중 가장 으뜸은 당연히 뉴욕이다(highly liquid secondary market). 특히 안전성과 풍부한 물량의 제공이라는 맥락에서 미국 재무부 채권은 가장 뛰어난 상품으로 평가되고 있고, 공사(公社) 채권(government agency bonds)도 비슷한 장점이 있는 것으로 인정되고 있다. 다음의 분석을 통해 그 규모와 유동성을 확인할 수 있다. 미국 재무부 채권은 24시간 내내 거래가 가능하고, 규모 또한 엄청나 하루 거래량은 500억 달러를 상회하고 있다. 안전성과 환금성이 거의 완벽하게 보장된다는 의미이므로 소유자들은 채권을 사실상 '이자가 포함된 화폐'로 간주한다.

풍부한 유동성이 가능한 이유는 앞서 소개한 네트워크의 외부효과를 통해 설명된다. 사람들이 달러를 소유한다는 것은 사실상 달러표시 자산을 보유하는 것을 의미한다. 소유의 이유는 우선 안전성이다. 즉, 기축통화의 생성 원리가 통화에 대한 신뢰에 기초하고 있듯이 달러를 믿는 것만큼, 달러 표시 자산의 신용도도 높아지는 것이다. 금융에서 믿는다는 것은 곧 신용창조를 의미하므로, 기축통화인 달러화에 기초하여 방대한 규모의 신용이 뉴욕에서 만들어지고 있는 것이다. 여기에 외부효과가 더해지면 오늘날의 국제금융 시장이 모습을 드러낸다. 더 많은 사람이 채권을 소유할수록 유동성은 더욱 풍부해져 거래가 더욱 편리해지고, 그러므로 더 많은 사람이 채권을 사게 된다는 원리이다. 이렇게 보면 기축통화, 세계적인 언어, 그리고 금융상품은 같은 원리에 의해 생성, 발전된다는 사실을 알 수 있다.

미국 재무부 채권시장이 급속히 팽창한 것은 앞서 소개한 달러 중독 현상이 발생한 시점과 거의 일치한다. 1969년 각국(주로 서구)의 중앙은행이 주축인 외국인 소유 미국 재무부 채권의 총액은 103억 달러였다. 하지만 1년 후에는 거의 두 배 증가한 198억 달러, 3년 후인 1972년에는 다시 두 배 이상 증가한 463억 달러를 기록한다. 미국의 재무부 채권을 매개로 잉여달러가 미국으로 다시 순환되는 오늘날의 메커니즘이 그 때 이미 자리 잡기 시작했다는 사실을 알 수 있다. 2010년 현재 채권시장은 규모가 더욱 방대해졌는데, 2010년 3월 공채의 발행 물량을 의미하는 미국의 총 정부부채(total public debt)는 12조 7,730억 달러였다. 연방준비제도를 비롯, 그 밖의 미국 정부기관이 재무성 채권형태로 41%인 5조 2,600억 달러를 소유하고 있고, 나머지 7

조 5,000억 달러를 민간이 보유하고 있다. 민간소유 중 51%가 자금의 국제적 순환과 관련이 있는 외국의 소유인데, 금액은 3조 8,860억 달러에 달한다. 여기서 외국이라 함은 외국의 중앙은행을 주축으로 민간은행, 투자은행, 그리고 일반 투자가들을 모두 포함한다. 이상이 미국 통화패권의 구체적인 메커니즘이다.

과거의 빗나간 예측들

앞서 소련과 일본이 미국을 따라잡을 것이라는 예측을 소개한 바 있다. 국제통화 분야에서도 비슷한 예견이 있었다는 것은 흥미로운 사실이 아닐 수 없다. 앞서 세계 각국의 외환보유고에서 마르크화와 엔화가 차지하는 비율이 1990년대 초 최고치 (36%)를 보인다는 사실을 소개한 바 있다. 반대로 달러화의 비율은 1995년 처음으로 50%대로 추락하며 59%를 기록한 적이 있다. 달러화도 추락할 가능성은 늘 있는 셈이다. 바로 그러한 사실에 기초하여 달러패권이 종식될 것이라는 예측이 모습을 드러낸 적이 있다. 대표적으로 1992년 서로우(Lester Throw)는 1990년대 후반 세계경제패권을 미국, 독일 그리고 일본이 본격적으로 다투게 될 것이라고 예측한 바 있다. 당시가 일본경제의 전성기였고, 독일경제의 견고함에도 변화가 없었으므로 상대적으로 취약한 미국경제, 그리고 과잉 발행된 달러화에 대한 신뢰의 저하가 예견의 근거였다. 1995년 달러화의 비율이 최저치를 기록한 것을 보면 예측은 일리가 있는 것처럼 보였다.

하지만 다음의 결과를 통해 과감한 예측이 빗나갔음을 알 수 있다. 마르크화는 1999년 유로화가 출범하며 사라지게 되는데, 소멸 직전인 1998년 달러화의 비중은 현저히 회복되어 점유율이 69%까지 높아진 반면, 같은 해 마르크화와 엔화의 비율은 14%와 6%를 기록하며 전성 시절보다 현저히 위축된 모습을 보이는 것이 이유이다. 유로화가 출범하자 또 한 번 비슷한 예측이 고개를 들었다. 1999년 출범 첫해 달러화의 점유율은 71%, 유로화는 18%, 그리고 엔화 6%였다. 등장과 동시에 유로화의 위세가 대단했음을 알 수 있다. 1997년 버거스틴(C. Fred Bergsten)의 예측이 가장 유명한데, 향후 기축통화의 비율이 달러화 40%, 유로화 40%, 그리고 엔화를 비롯한 그 밖의 통화 20%일 것이라고 구체적인 수치를 제시할 정도였다. 중심 통화는 결국 달러화와 유로화이므로 세계 통화시장은 양분되는 셈이다. 아무튼 2009년에는 달러화 62% 퍼센트, 그리고 유로화 27% 퍼센트를 각각 기록하는데, 이 수치가 유로화의 최고 기록이다(엔화 3%). 2009년이면 미국이 금융위기를 겪으며 한참 고생할 때인데도 유로화의 약진은 두드러지지 않았다. 몇 해 전인 2005년 달러화 67%, 유로화 24%와 비교해 큰 차이가 없기 때문이다. 유로화의 최고치는 1990년대 초 마르크화와 엔화의 전성시절 합산 기록인 36%에는 한참 못 미치는 수치이다. 예측이 13년 전에 나왔으므로 맞았다고 보기는 힘들 것이다.

다음의 분석은 예측의 실패 가능성을 더욱 높여주고 있다. 2010년 그리스에 재정위기가 발발하며 유로화의 효용성에 의문이 제기되자, 공동화폐의 이론적 토대를 제공하며 유로화의 아버지로 추앙되던 먼델(Robert Mundell)은 다음과 같은 평가를 내린 적이 있다. 유로존 국가들의 재정책임을 강제할 수 있는 미국식 연방제가 도입되어야 하고, 이 조건이 충족되지 않으면 유로화의 구조적 문제는 극복되기 힘들다는 것이다. 경제사학자인 퍼거슨(Niall Ferguson)의 평가도 비슷했다. 그리스 사태를 통해 재정의 중앙 집중화는 통화통합의 필연적인 결과일 수밖에 없다는 사실이 분명해졌고, 따라서 유럽이 현재와 같은 느슨한 체제를 유지한다면 유로존은 붕괴될 수밖에 없다고 진단하고 있기 때문이다. 하지만 그러한 통합작업은 경제논리를 훨씬 넘는 정치문제이므로 합의의 도출은 대단히 어려울 수밖에 없다. 버거스틴의 예측을 믿지 않는 또 다른 이유가 있는 셈이다.

중국의 경제적 도전과 한계

2007년 미국을 강타한 금융위기는 전 세계로 파급되었다. 그러나 놀랍게도 중국은 별 피해를 입지 않았다. 10% 안팎의 고성장이 최근에도 지속된 것을 보면 중국의 콧대가 높아질 이유는 있다. 과거 중국은 국제경제질서에 대해서 불만을 표출한 적이 없었다. 하지만 미국경제가 금융위기로 휘청하자 미국에 정면으로 도전하는 태도를 취하게 된다. 2009년 3월 통화당국의 수장인 중국인민은행 총재 주우 시아 찬(周小川)이 인민은행에 기고한 에세이를 통해 미국이 구축한 통화질서를 바꿔야 한다고 주장하면서 논쟁에 불이 붙었다. 주장의 핵심 내용은, 우선 "국제통화는 가치가 안정되어 있고, 엄격하고 투명한 규정에 따라서 발행되며, 관리가 가능한 범위 내에서 공급이 원활해야만 한다."는 것이었다. 이 말은 결국 금융위기 이후 미국이 달러화를 찍어내고 있으므로 그것을 규제해야 한다는 의미를 담고 있다. 미국의 달러화가 국제통화체제를 지배하는 것에 대해서도, "신용에 기초한 국내통화가 국제적으로 활용되는 현재의 상황은 역사적으로도 대단히 예외적인 사례일 뿐"이라고 직격탄을 날리고 있다.

"현재의 국제통화체제를 개혁하는 것이 필요한데, 특정 국가로부터 완전히 분리되어 독립된 국제통화가 창출되어야 한다."고 주장하며 대안도 제시하고 있다. 구체적으로, "1940년대에 케인 즈(John M. Keynes)는 '방코(Bancor)'라는 국제통화를 제안한 바 있으나 불행히도 그것은 받아들여지지 않았다. 브레턴우즈 체제의 붕괴는 당시 케인즈 안이 대단히 먼 미래를 내다 본 혜안이었음을 보여주고 있다. 브레턴우즈 체제의 위기를 극복하고자 특별인출권(SDR, Special Drawing Right)이 창출된 것은 사실이나, 이것 또한 할당량의 한계와 사용범위의 제약으로 제 역할을 못하고 있다"고 꼬집으며, 과거 위의 두 제안에 미온적이었던 미국의 태도를 공격하고 있다. 따라서 현재 IMF의 관리하에 있는 국제통화인 SDR의 조속한 활성화를 대안으로 제시하고 있다. "과거 케인즈 안을 현실화시키는 데는 많은 시간이 필요할 것이므로 일단 단기적으로는 다음의 조치가 필요하다. 우선 현재 사용되고 있는 SDR의 역할을 강화하는 것이다. 구체적으로 SDR의 규모를 대폭 늘려 각국의 할당량을 가시적으로 증액하는 것이 필요하고, 다음으로 현재 각국 정부와 국제기구 간의 거래에 한정되어 있는 SDR의 사용 범위를 넓혀 국제무역과 금융거래에 광범위하게 사용하도록 해야 한다."

중국의 주장은, 현재 미국이 사실상 행사하고 있는 국제통화의 발권력을 박탈하고, 세계 모든 국가가 회원국인 국제통화기구(IMF)가 발권력을 갖는 새로운 국제통화체제를 만들자는 것으로 요약될 수 있다. 하지만 국제기구가 발권력을 행사한 적은 현재까지 없었다. 케인즈가 방코라는 국제통화안을 제안한 것은 사실이지만 그것이 제대로 작동한다는 보장은 어디에도 없다. 방코안의 핵심 내용은 국제기구에 회원국의 회계장부를 만들어 놓고, 방코라는 통화단위를 국제수지의 변화에 따라 기록하자는 것이다. 1년에 한 번 결산하고, 그 결과 흑자와 적자국가가 밝혀지면 이것에 따라 장부상의 자금이체를 하면 된다는 식이었다. 여기서 핵심은 과도한 적자국은 물론 흑자국에게도 벌칙을 가함으로써 장기적으로 대외수지 균형을 달성할 수 있다는 가정이다.

방코안은 과거에는 없던 획기적인 아이디어를 담고 있었다. 하나는 방코가 장부상의 회계통화, 즉 가상통화라는 점이고, 다른 하나는 흑자국가에게도 벌칙이 가해진다는 사실이다. 흑자국가에게 제재를 가한다는 것은 바로 지금의 중국을 겨냥한 것이나 다음 없다. 중국은 현재 세계 최대의 무역흑자 국가 중 하나이다. 중국의 위안화가 30% 정도 평가절상되어야 한다는 주장이나, 서울 G20 회의에서 논의된 GDP 대비 특정 비율까지만 무역흑자를 허용하자는 제안 등과 같은 중국에 대한 공세는 사실상 방코안을 현실화시킨 것이나 다름없다. 하지만 중국 측 주장은 이 문제는 거론조차 하지 않고 방코안이 좋다고만 언급하고 있다. 한 걸음 나아가 방코안이 제기된 정치적 배경을 살펴보면 중국이 방코안을 새삼 들고 나온 것이 자신의 이해를 극대화시키려는 책략이라는 사실을 알 수 있다.

제2차 세계대전 막바지에 영국의 케인즈인들 파운드화의 운명이 얼마 남지 않았다는 사실을 왜 몰랐겠는가. 전쟁 직후 돈이 없어 미국에 구걸해야 했던 것이 당시 영국의 상황이었다. 1945년 12월에 결정된 미국의 대영 차관 규모가 무려 38억 달러였다는 사실은 당시 영국의 초라함을 보여주고 있다. 미국 이외에는 금본위제를 계속 유지할 수 있는 국가가 없었고, 따라서 달러화가 가치 판단의 기준이 된다는 것은 뻔한 사실이었다. 따라서 영국의 제안처럼 국제통화를 만들자는 것은 기축통화가 될 달러화의 권한을 빼앗겠다는 의미를 담고 있었다. 영국의 이해가 깊이 반영된 제안이었던 셈이다. 알려진 것보다 당시 미국과 영국 간의 실랑이는 컸다. IMF의 초기 규정에는 "각국의 통화는 금 혹은 1944년 7월 1일의 미국 달러화 가치로 평가된다."라는 내용이 있다. 그런데 원래 합의문에는 "금 혹은 금과 태환이 가능한 외환"으로 되어 있었다. 미국이 영국의 동의 없이 '외환'이라는 단어를

'달러화'로 바꿔버렸는데, 흥미롭게도 케인즈는 영국 대표로 브레 턴우즈 회의에 참석할 때까지도 미국의 일방적인 조치를 몰랐다. 이것이 바로 국제관계이다. 힘이 없는데 무슨 할 말이 있겠는가.

그렇다면 일반인들의 국제거래는 어떻게 되는 것일까? 방코 안에 따르면 일반인의 거래는 지정한 시중은행을 통해서 서류로 만 할 수 있었다. 물론 시중은행은 일반인들의 요청이 있을 시 그 요구를 중앙은행에 전달하는 역할을 하게 되고, 따라서 국가 간 의 자금거래 모두는 결국 중앙은행 간의 거래로 귀결될 수밖에 없다. 요컨대 금, 혹은 특정국가의 통화가 유통되었던 과거는 물 론 현재의 국제통화체제와 전혀 다른 제도인 셈이다. 그렇다면 장 부상의 기록을 통해서만 이루어지는 국제거래가 가능할까? 가상 통화에 기초, 풍부한 규모의 금융상품이 만들어지는 것은 가능 할까? 무역의 경우는 그래도 거래가 간단하지만, 금융거래와 같 이 복잡한 자금거래에서 통화라는 실물을 사용하지 않는다면 국 제금융은 위축되지 않을까 등의 다양한 질문에 대해 케인즈안은 답변을 제공한 적이 없다.

더욱이 기득권을 보유한 국가가 자신의 기득권을 포기하며 권한을 국제기구에 넘기는 일은 국제정치의 원리에 비추어 보면 더더욱 어려운 일이다. 아무튼 IMF 설립 시 제안되었던 방코안은 미국에 의해 거부되었지만, 그것이 현실화되었더라도 원활한 운영이 가능하다는 보장은 어디에도 없다. IMF는 미국의 제안에 기초하여 이른바 금환본위제를 채택하였는데, 그것은 기축통화와 금 모두를 국제거래에서 사용한다는 것을 의미한다. 환율의 안정을 위해 고정환율제를 채택하였고, 금값(금 1온스=35달러)이 가치판단의 기준이었다. 하지만 실제의 운영에서는 제도에 많은 무리가 가해졌으므로 원래의 계획대로 국제경제가 운영될 수는 없었다. 그 결과가 바로 앞서 소개한 닉슨 쇼크였다. IMF의 기획자들도 애초 미래의 파행을 예측하지는 못했다. 자고로 모든 제도는 시행해 보기 전에는 그 가치를 평가할 수 없는 법이다.

중국이 제안한 SDR의 활성화도 문제가 있기는 매한가지다. SDR의 용도는 현재 중앙은행 간, 혹은 중앙은행과 IMF 사이의 거래에 한정되어 있다. SDR이 국제통화가 되려면, 일반시장에서도 SDR이 사용되어야 하지만, 말처럼 쉬운 일은 아니다. 먼저 SDR이 자유롭게 유통되는 민간시장(private market)이 필요하다. 그것은 곧 정부나 기업이 SDR 채권을 경쟁력 있는 가격에 발행할 수 있어야 하고, SDR로 표시된 예금이나 차관 역시 은행가들에게 매력적이어야 한다는 것을 의미한다. 하지만 다음의 현실적인 문제를 극복하는 것은 쉬운 일이 아니다. 우선 SDR 표시 채권을 처음 발행하는 경우, 민간시장에서 당장 유통되기는 힘들 것이므로 수요를 창출하기 위해서는 높은 이자의 지급과 같은 추가적인 비용을 지불해야만 한다. 그것을 오랫동안 감수하여 다수의 구매자와 판매자를 확보할 수 있어야 풍부한 유동성이 보장되는데, 그렇다면 누가 추가 비용을 부담할 것이며, 그런 조건을 의도적으로 창출하는 것이 가능하냐는 질문이 이어질 수밖에 없다. 이러한 환경의 창출은 불가능하다는 것이 1970년대 SDR를 활성화시키려던 노력의 결론이었다. 중국이 SDR 표시 금융상품을 출시한다 해도 성공하기 힘들다는 사실을 확인할 수 있다.

따라서 IMF에 국내의 중앙은행과 같이 법적으로 국제경제 문제를 총괄할 수 있는 권한과 예산을 부여하고, 그 권한에 기초하여 IMF 자신이 SDR 운영시장을 의도적으로 만들기 전에는 중국의 주장이 현실화되는 것은 어렵다는 사실을 알 수 있다. 구체적으로 IMF 발권법이 제정되어야 하고, 각국의 경제위기에 대처하기 위해 IMF는 국내 중앙은행과 같이 독자적인 통화정책(SDR monetary policy)을 실시할 수 있어야 한다. 그렇다면 각 회원국이 지니는 권한의 비율은 어떻게 정해야 하는지가 우선 논쟁의 초점이 될 것이다. 각국의 국내총생산, 무역규모, 통화의 국제화 정도, 환율제도의 합리성, 국내재정의 건전성, 인플레이션율 등 권한 배분의 기준에 대해서는 다양한 의견이 제시될 수 있겠지만, 한 가지 분명한 것은 경제상황이 전혀 다른 미국과 중국 간의 이견이 가장 두드러질 것이라는 사실이다.

"신용, 즉 통화는 스스로 성장한 것이지, 의도적으로 만들어진 권력이 아니다."라는 배젓의 발언을 명언 중의 명언으로 간주하는 이유를 이를 통해 알 수 있다. 만약 그래도 중국이 미국의 통화패권에 도전하기를 원한다면 방법이 없는 것은 아니다. 과거 마르크화나 엔화와 같이 위안화가 국제화되어 많은 사람이 신뢰하고 사용할 수 있는 환경을 만들면 된다. 시장원리에 기초, 달러화와 경쟁하여 이기면 통화패권은 저절로 중국으로 넘어갈 수밖에 없다. 독일과 일본의 경제규모가 미국보다 작고 두 경제의 국제화가 덜 되었던 것이 문제였지만, 1990년 초 두 통화의 점유율이 36%를 기록한 것은 사실이므로 중국이 계속 성장하여 미국의 경제규모에 접근하면 이 기록을 돌파하지 말라는 법은 없다. 하지만 다음의 분석은 경쟁의 길이 얼마나 험난한지를 보여주고 있다.

낙후된 중국경제—도전은 불가능하다

중국정부도 위안화가 국제화되어야 한다는 당위성은 인정하는 것 같다. 2009년 7월 5개의 중국 도시에 분포된 주요 중국기업들에게 홍콩, 마카오 그리고 아세안 국가들과의 상업거래에서 발생하는 자금결제 시 위안화를 사용할 수 있도록 처음 허락했기 때문이다. 6월에는 러시아와의 무역에서 양국 통화의 사용을 확대하는 데도 합의했다. 한국, 아르헨티나 그리고 인도네시아 등과는 통화스왑 협정을 체결하였고, 최근에는 더욱 획기적인 조치를 취해, 홍콩은행들에게 위안화 표시 채권을 발행할 수 있도록 처음 허용하였다. 과연 그러한 조치를 통해 위안화가 국제화될 수 있을까? 금융적 관점에서는 전혀 그렇지 않다는 것이 문제이다.

위안화가 국제화되려면 먼저 위안화의 시장태환(market convertibility)이 이루어져야 한다. 여기서 시장태환은 일반인들이 위안화를 자신들이 원하는 외환, 즉 달러화, 유로화, 엔화, 혹은 한화 등으로 언제고 자유롭게 교환할 수 있는 조건을 의미한다. 물론 반대의 경우도 가능해야 한다. 그래야만 특히 외국인의 위안화에 대한 수요를 창출할 수 있다. 시장태환이 얼마나 어려운지는 다음의 사례를 통해 알 수 있다. 전후 서유럽 국가들은 외환, 특히 달러화의 부족으로 자국 통화의 시장태환을 시행할 수 없었다. 마셜플랜이라는 미국의 원조정책에 의해 달러화가 유럽에 대량 공급된 후, 1958년에야 서유럽 국가들은 자국 통화를 태환시킬 수 있었다. 그 막강하다는 일본도 1970년대 중반에야 시장태환을 단행했다. 아무튼 위안화의 시장태환이 이루어지고 외환시장이 자유화되는 경우 불안정한 정치상황 때문에 여유 있는 부유층들은 외환을 대량 사들여 외국에 도피시킬 것이다. 현재도 중국의 지도층은 매년 600억 달러 정도를 해외계좌로 빼돌리는 것으로 알려지고 있다. 경제의 자유화는 곧 인간의 자유로운 행동, 정치제도의 변화를 의미한다는 앞서의 설명이 타당하다는 사실을 확인할 수 있다. 13억의 인구를 지니고 있는 중국이 그런 사태를 감당할 수 있을까? 자본주의가 더욱 발전하고, 정치적으로 민주화되기 전까지는 쉽지 않은 일이다.

1997년 발발한 동아시아의 외환위기도 좋은 교훈을 주고 있다. 통화의 완전한 태환이 가능해지려면, 시장은 투명해야 하고, 은행은 완전히 민영화되어 시장의 이해에 따라 운영되어야 하며, 국가의 경제정책 또한 안정적이여야 함은 물론, 환율은 대규모의 국제자본 이동을 수용할 수 있을 정도로 유연해야 하고, 그러한 유연성이 가능하도록 외환시장의 유동성 역시 풍부해야만 한다는 사실이 밝혀졌기 때문이다. 뒤집어 이야기하면 이 조건들이 모두 충족되었을 때 위안화의 국제화는 가능하다. 조건을 만족시키기 위해서 중국정부는 지금의 급속한 경제개발을 가능하게 하는 두 핵심 기제를 대폭 수정해야만 한다. 국가 주도의 은행대출과 달러화 연계에 기초한 환율의 산정 및 통제를 사실상 포기해야 하는 것이다. 고성장 정책을 견지하는 한 중국이 받아들이기는 어려운 조건임을 쉽게 알 수 있다.

중국의 금융시장 조건 역시 비슷한데, 위안화 표시 채권은 현재 중국 내에서 중국계 은행만이 판매하고 있다. 중국정부가 외국 금융회사의 중국채권 발행을 허용하지 않는 이유는 무엇일까? 허용하면 다음과 같은 사태를 피할 수 없게 된다. 기본 가치를 위안화로 보장하고, 적정의 이자를 지급하는 채권이 출시될 것이다. 운이 좋아 경기마저 좋으면 채권에는 프리미엄도 붙는다. 이경우 중국인은 외국회사가 발행한 채권보다 수익이 떨어지는 은행예금을 기피할 수밖에 없다. 여기서부터는 문제가 심각해진다. 우선 투입 중심 경제성장의 핵심 동력인 대규모 투자는 50%를 상회하는 저축률이 상징하는 막대한 저축을 통해 가능하다. 중국인들이 저축을 등한시한다는 것은 대규모의 투입이 불가능해진다는 것을 의미하고, 결과적으로 고성장은 꺾일 수밖에 없다.

국가 주도의 신용분배 모델이 대폭 수정되어야 하는 큰 도전임을 알 수 있다. 모든 국가에서 나타나는 현상이지만, 경제가 고도화되고 자유화되면 저축률이 낮아지면서 경제성장률이 저하되는 이유를 알 수 있는 대목이다.

흥미롭게도 최근 중국정부는 위의 조건을 충족시키는 정책과는 정반대의 행보를 보이고 있다. 미국의 금융위기가 중국에 전이되는 것을 방지하기 위해 팽창정책을 취하고 있다. 투자의 독려를 위해 국영은행의 기업에 대한 직접 대출을 확대했으므로 금융시장의 자유화와는 거리가 먼 정책을 시행하고 있는 셈이다. 또한 그들의 명줄인 수출에 타격이 가해지는 것을 방지하기 위해 위안화의 달러 연계를 더욱 강화했다. 달러화의 가치가 떨어지면 위안화의 가치는 상승하는 것이 시장의 순리이지만, 강력한 시장개입을 통해 달러화가 하락하면 위안화도 같이 하락하는 정책을 구사하고 있다. 달러화의 가치가 떨어져야 달러화의 신뢰에 금이 가면서 중국이 제창한 국제통화개혁안이 힘을 받을 수 있으나, 반대 정책을 통해 오히려 달러화의 기를 살려주고 있는 셈이므로 중국의 행위는 앞뒤가 안 맞는 모순일 수밖에 없다.

중국이 보유하고 있는 막대한 규모의 달러 표시 채권을 흔들어대면 미국도 꼼짝 못하지 않겠냐는 주장도 특히 한국에서는 심심치 않게 고개를 든다. 과연 그럴까? 앞서 살펴본 뉴욕 중심의 국제자본 순환구도는 다음과 같은 사실을 분명히 보여주고 있다. 대외거래에서 흑자가 나는 경우 인플레이션을 방지하기 위해서는 흑자만큼의 외환을 해외로 뽑아내야만 한다. 따라서 미국의 유가증권에 대한 투자는 미국뿐만 아니라 중국의 이해인 셈이다. 그런데도 중국이 미국을 골탕 먹이기 위해 채권을 투매하면서 뉴욕의 금융시장을 흔들어대면 어떤 일이 발생할까? 2008년 중국의 공식 외환보유고는 2조 1,000억 달러였다. 국영은행과 투자공사 역시 중국정부 소유이므로 이들이 보유한 2,500억 달러를 합산하면 총 외환보유액은 2조 3,500억 달러로 늘어난다. 그중 1조 7,000억 달러 정도가 미국에 투자되었는데, 약 9,000억 달러가 재무부 채권에, 페니 메이(Fannie Mae)와 같은 국영기관(government agency)의 채권에 약 5,000억 달러, 그리고 기업채권 구매를 위해 1,500억 달러, 증권 매입을 위해 400억 달러가 투자되었다.

2010년 전반기를 기준으로 미국 재무부 채권에 대한 외국인 소유 총액이 3조 8,860억 달러라는 사실은 앞서 살펴본 바와 같다. 중국이 보유한 재무부 채권의 총액이 약 9,000억 달러라고 하면, 미국의 총 국가부채 12조 7,730억 달러 중 중국의 지분은 7%밖에 안 된다. 그럴 가능성은 사실상 전무하지만, 중국이 단지

7%의 지분을 흔들어댄다고 미국경제가 골탕 먹을 것이라는 주장은 우선 양적인 측면에서 설득력이 떨어진다. 아무튼 중국의 채권 보유액은 2009년 7월 9,400억 달러를 기록하며 정점에 이르는데, 미국이 금융위기에 처했는데도 중국 보유 채권물량은 오히려 늘었다는 사실이 눈에 띈다.

하지만 조금 불안했던지 정확히 1년 후인 2010년 7월에는 보유액이 8,470억 달러로 축소되었다. 10% 이상을 1년 만에 팔아치운 셈이다. 그런데 놀랍게도 다음의 통계를 통해 그것을 완충하는 수단이 있다는 것을 알 수 있다. 같은 기간 일본의 보유액은 7,210억 달러에서 8,210억 달러로, 영국의 경우는 970억 달러에서 3,750억 달러로 각기 증가했다. 이 말은 중국의 투매가 있는 경우 미국의 최대 동맹국이자 경제강국인 일본과 영국이 투매를 보완할 수 있다는 것을 암시한다. 만약 일본과 영국에 9,000억 달러의 외환이 없다면 어떻게 될까? 미국은 양국과 통화스왑을 할 수 있을 것이다. 엔화와 파운드화를 달러화로 맞바꾸고, 양국이 그 달러로 미국채권을 구매하면 중국의 흔들기를 완충시키는 데는 문제가 없게 된다. 만약 그것도 불가능하다면 미국은 발권력을 동원, 시장에서 달러화를 풀며 중국이 파는 채권을 사면 그뿐이다.

반대의 경우도 생각해 볼 수 있다. 중국이 채권을 투매하면 채권 값은 하락한다. 중국은 앉은 자리에서 못 판 채권 값의 추락으로 인한 손실을 감수해야 한다. 하루아침에 돈이 허공으로 날아가는 상황을 눈 뜨고 지켜볼 바보는 지구상에 없을 것이다. 중국이 1년 동안 팔아치운 채권의 액수만큼 생긴 달러화는 어떤 방식으로든 다른 곳에 투자되었을 것이다. 2010년 7월 중국이 무려 220억 달러 어치의 일본채권을 순식간에 사들이고, 그것도 모자랐는지 이후 상당 규모의 한국 채권도 구매하는 일이 발생했다. 달러화에 종속되지 않겠다는 의지의 표현으로 볼 수 있지만, 문제는 상존한다. 일본과 한국에 많은 달러화가 풀리면서 두 국가의 외환시장에서는 달러화의 가치가 떨어질 수밖에 없는데, 당연히 중국의 외환시장도 영향을 피하기는 어렵다. 상황이 그렇다면 현재의 환율을 유지하기 위해 기 쓰고 있는 중국 통화당국은 외환시장에서 더 많은 위안화를 방출하며 달러화를 구매해야만 한다. 중국당국의 달러화 보유액이 역으로 증가하는 역설적인 상황이 전개되는 것은 물론, 미국이 그토록 바라는 위안화가 평가절상되는 환경이 저절로 만들어지는 셈이다. 상황의 복잡함을 이해했는지, 현재 중국은 위의 게임을 더 이상 안하고 있다.

상기의 분석은 칼자루는 미국이 쥐고 있다는 사실을 보여주고 있다. 아무튼 중요한 것은 중국의 경제성장이 전후 미국이 만든 국제경제의 틀 내에서 가능했다는 사실이다. 자유무역의 진흥과 달러화 중심의 국제통화질서는 전후 질서의 핵심 내용이다. 자유무역의 원칙 때문에 세계 최대의 미국 수입시장은 항상 열려 있을 수 있었다. 바로 선진국의 열린 시장을 활용하며 중국은 많은 돈을 벌 수 있었다. 돈은 당연히 안전하다는 미국의 채권 구매에 다량으로 투자되었고, 미국의 열린 시장 자체가 국제자금의 순환체계 때문에 가능하다는 사실은 앞서 설명한 바와 같다. 그럴 능력은 없지만, 중국이 미국을 심하게 흔든다는 것은 곧 미국의 방대한 수입시장을 닫으라는 말 이외는 아무것도 아니다. 중국의 핵심 이해를 중국 스스로가 건드리는 결과가 초래되는 셈이다. 한걸음 나아가 과거의 역사는 섬뜩한 교훈을 전해주고 있다. 국제통화패권의 전이는 세계적 규모의 전쟁을 통해서만 일어났다. 극한 상황을 가정하여 해석하면, 중국이 세계대전을 통해 미국을 굴복시키지 않는 한 미국 통화패권의 조기 종식은 어렵다는 것을 의미한다. 문제는 이제 막 자본주의를 시작한 중국의 지도층이 이상의 복잡한 국제통화 및 금융질서의 내막을 언제 정확히 꿰뚫어 볼 수 있느냐는 것이다.

모두가 잘 아는 것 같지만, 우리의 발전사를 체계적으로 이
해하는 것은 쉬운 일이 아니다. 하지만 현재 중국과 비교해 보면
분명한 차이점이 있기에 그냥 지나칠 수는 없는 일이다. 대한민
국은 우선 민주주의와 자본주의를 바탕으로 건국되었다. 1948년
채택된 최초의 헌법은 두 원칙을 분명히 적시하고 있다. 자유로운
사고와 활동은 국민의 당연한 기본권이었다. 중요한 것은 애초의
건국 정신 때문에 싫든 좋든 민주주의와 자본주의 원칙은 우리
의 몸에 자연스럽게 배어들었다는 사실이다. 여기에 미군이 주둔
하면서 안보가 확충되었고, 한국은 세상에서 가장 잘사는 서방
에 편입될 수 있었다. 바로 이것이 초대 이승만 대통령의 위대한
업적이다. 건국의 기본 정신이 국민들에게 얼마나 깊게 뿌리 내렸

느지는 대통령이 독재로 흐르자 국민의 힘으로 대통령을 하야시켰다는 사실을 통해 입증된다.

안보가 튼튼해지고 질서가 잡히자, 이번에는 경제적 도약을 위한 준비 작업이 가능해졌다. 수출주도형 경제성장 정책을 세계 최초로 시행, 성공시킨 주체로서 한국 국민과 지도자들은 세계의 지도에 한국을 각인시키기 시작했다. '잘살아 보세,' '하면 된다,' '한손엔 국방 다른 한손엔 경제건설' 등의 구호는 당시 한국 사람들이 잘살기 위해 얼마나 애썼는지를 보여주고 있다. 비약적인 경제성장이 가시화된 것은 물론, 자본주의의 핵심 기제인 시장의 원리가 자리 잡기 시작했다는 사실이 무엇보다 중요했다. 똑같은 내용의 정책을 시행한 다른 국가들과 비교하여 한국의 우수성을 돋보이게 하는 요소는 국민의 힘을 응집시키는 능력이었다. 위의 슬로건들이 괜히 나온 것은 아니라는 사실을 확인할 수 있다. 바로 이 점이 박정희 대통령의 위대한 업적이다. 하지만 건국 시부터 국민의 마음에 뿌리 내린 민주주의의 원칙과 고도성장 시 수반되는 자유시장의 확산은 권력분산으로 이어졌고, 그것이 대통령의 장기 집권과 배치되면서, 대통령은 최후를 맞게 된다. 그러므로 초기의 두 대통령 모두는 스스로가 만든 원칙 때문에 물러났다고 보아도 무방할 것이다.

광주의 비극이 상징하듯 민주정부가 하루아침에 탄생되는 것은 아니었다. 하지만 국민 복리의 증진을 위해 자본주의는 더욱 발전해야 했으므로 박대통령 말기의 과잉중복투자의 폐해와 이완된 경제정책의 결과물인 인플레이션은 어떤 방식으로든 정리되어야만 했다. 경제 안정화정책이 시행된 이유인데, 내용은 간단했다. 통화의 발행이나 재정적자의 확대와 같은 팽창주의 경제정책을 수정하고, 시장의 원리를 경제에 더 많이 도입하는 것이었다. 안정화정책이 중요한 것은 과거 수많은 국가들이 어느 정도 성장하다가 주저앉은 이유가 안정화 작업의 실패였기 때문이다. 다시 말해 다른 개발도상 국가들은 한국과 같이 과감한 안정화정책을 성공적으로 단행한 경우가 거의 없었다. 비록 잔인하게 집권한 것은 사실이지만 바로 이 점이 전두환 대통령의 업적이다. 하지만 이미 뿌리를 내려 자라고 있던 민주주의 정신과 시장의 확대를 통해 가시화된 권력의 배분은 대통령을 거부하게 되었고, 따라서 민주주의를 위한 새로운 도약은 피할 수 없는 사회 명제가 되었다.

당연한 결과로 권력은 국민에게 있다는 원칙이 집권층으로부터 공식화될 수밖에 없었는데, '보통 사람들의 시대'라는 정치 슬로건은 당시의 상황을 상징적으로 대변하고 있다. 이 시기의 한국만큼 사회 전반에 걸쳐 자유화가 빠른 속도로 진행된 사례는 역사적으로 찾기 힘들 것이다. 그때부터 정치권력의 자의적인 행사는 불가능하게 되었고, 민주주의의 기본 원칙인 견제와 균형이 제 모습을 갖추며 작동하기 시작했다. 국민이 주인이라는 인식의 확산은 당연히 경제에도 영향을 미칠 수밖에 없었다. 과거보다는 훨씬 자유로운 경제활동이 보장된 가운데 지난 시절의 경제안정화 정책이 효험을 발휘하면서 한국경제는 건국 이후 최고의 전성기를 누리게 된다. 이상이 노태우 대통령의 업적이다. 대통령의 우유부단함을 꼬집어 '물태우'라는 비판이 고개를 들었지만, 돌이켜 보면 역설적으로 바로 그 별난 별명이 대통령의 최대 업적을 상징하는 용어가 될지 누가 알았겠는가. 권력을 국민에게 모두 돌려준 대통령의 모습이 과거 권위주의 시절의 지도자처럼 단단해 보일 수는 없는 일이다.

비록 반쪽의 권력 교체였지만 야당 출신의 정치지도자가 대통령이 되었다는 사실은 그 자체로 민주주의가 제대로 작동하고 있다는 증거임에 틀림없다. 위의 다양한 업적을 통해 기초가 다져지자, 이번에는 선진국의 문턱을 넘기 위한 과감한 도전이 시작됐다. 선진국의 조건인 투명한 시장의 구현, 권력의 자의적인 간섭 배제 등이 추진되었다. 1993년 전격적으로 단행된 금융실명제는 당시의 정책 목표를 상징하고 있다. 전두환 대통령 시절 고민 끝에 포기한 정책이었고, 일본도 시행하지 못한 정책일 정도로 경제를 투명화시키는 작업은 어려운 일이었지만, 한국 특유의 과단성 덕분에 정책은 성공할 수 있었다. 그 후 탄력을 받은 한국경제는 1996년 선진국 클럽인 OECD에 가입했다. 정부규제의 축소와 시장원리의 확대, 그리고 한국경제의 대외적 개방이 가입의 조건이었으므로 경제의 선진화와 세계화를 위한 기초는 그 때 확실히 다져진 것으로 보아도 무방할 것이다. 이상이 김영삼 대통령의 업적이다.

급작스런 세계화의 충격은 컸다. 특히 금융과 외환 부문의 취약성이 드러나면서 한국경제는 건국 이후 최대의 위기를 맞게 되는데, 이른바 IMF 위기가 그것이다. 위기가 정치에 어느 정도 영향을 미쳤는지는 확실히 가늠할 수 없지만, 아무튼 정권은 처음 야당으로 넘어갔다. 민주주의의 기본 원칙은 견제와 균형이다. 이 원리에는 여야 간의 정권 교체가 포함되어 있다. 당연히 여야 간의 정권교체가 없는 경우 견제와 균형의 원칙은 약화될 수밖에 없다. 아무튼 경제위기가 엄습했으므로 구조조정은 피할 수 없었다. 과잉중복투자, 그리고 방만한 대출의 관행이 어느 정도 뿌리 뽑혀진 것은 위기를 돌파하겠다는 집념의 시절에 이루진 업적이다. 더욱 중요한 것은 위기의 극복 과정에서 한국경제가 완전히 세계화 되었다는 사실이다. 특히 금융시장과 외환시장의 개방이 돋보였는데, 그 수준은 선진국에 버금가는 것이었다. 오랫동안 꿈꾸던 경제의 자유화와 세계화, 그리고 민주주의의 확실한 착근이 이루어진 셈이다. 이상이 김대중 대통령의 업적이다.

건국 후 불과 50여 년 만에 선진국의 기초는 사실상 모두 닦인 셈이다. 역대 대통령에 대해 비판하는 사람들이 많은 것은 사실이지만, 다른 나라와는 달리 한국의 지도자들 모두는 뚜렷한 업적을 남기고 있다. 50년의 짧은 시간에 그 정도의 성과를 보인 민족과 지도자는 지구상에서 찾기 힘들다. 한국의 발전이 세계 민주주의와 자본주의의 모델이 되는 이유를 알 수 있다. 논의의 초점을 중국으로 돌려보면, 우선 다음의 질문이 가능하다. 과거 한국의 업적 중 지금까지 중국은 몇 가지를 성취했나? 박대통령 시절의 압축 성장 기법만을 답습하고 있다고 말할 수 있을 것이다. 한국은 민주주의와 자본주의에 기초하고 있었으므로, 시민의 자유, 시장의 원칙, 그리고 그것의 결과인 소유권의 보장 등과 같은 현대사회의 기본적인 틀은 애초부터 타고난 셈이다. 하지만 중국은 공산주의 국가로 출발한 나라이므로, 한국이 처음부터 지녔던 현대화의 요소를 지금도 결여하고 있다.

바로 위의 차이점이 현재 중국을 끊임없이 괴롭히는 요인이 되었고, 결과는 경제체제와 정치체제의 불일치로 나타나고 있다. 중국의 발전과정과 한국의 그것이 대단히 다르다는 사실을 알 수 있는데, 자본주의에 기초하여 방대한 규모의 자원이 투입되어 경제적 비약이 가능해졌으므로 그것을 계속 밀고 나가는 경우, 중국 나름의 방법으로 다른 사회문제도 해결할 힘을 얻으면서 세계적인 수퍼파워가 될 수 있다는 예측이 적어도 한국의 발전사에 비추어 보면 타당하지 않다는 사실을 알 수 있다. 한국의 경우는 자본주의 요소와 민주주의의 역동성이 마치 변증법과 흡사하게 서로 영향을 미치며 진보가 이루어진 데 반해, 중국은 두 현대화 요소의 긍정적인 영향을 기대하기 힘들기 때문이다. 문제가 뒤얽히고 꼬이면서 정말 악화되면 중국은 단절의 역사를 경험할 가능성도 있다. 한 쪽 부분만 비대하게 성장하다가 그것을 긍정적으로 중화시킬 힘의 부족 때문에, 비대함의 내부 모순이 표출되면서 혼란을 겪게 되는 상황을 의미한다.

　　한국의 경우 건국 이후 역대 정권이 뚜렷한 업적을 남겼음은 물론, 매 업적은 실타래처럼 정교하게 다음의 업적과 연계되고 있다. 사실상 단절이 없었던 셈이다. 50년간 단절 없는 연속게임을 하는 것이 너무도 어려우므로, 한국 이외의 국가들은 한국과 흡사한 경제발전정책을 시행한다 하여도 한국과 같은 업적을 내기가 어려운 것이다. 요컨대 한국의 발전사 한 가운데에는 자본주의의 특성과 민주주의의 역동성, 그리고 두 변수의 긍정적 교호관계가 확실하게 자리 잡고 있었던 셈이다. 이렇게 보면 중국의 향후 발전을 위해 시장원리가 확대되는 것도 중요하지만, 또 다른 발전 축인 민주주의의 진보는 더욱 중요하다는 주장이 가능해진다. 민주주의가 없는 가운데 현대사회의 핵심 두 변수의 긍정적 상호작용을 기대하기는 어렵기 때문이다.

과연 한국은 앞으로 중국과 잘 지낼 수 있을까? 한국과 중국은 현재까지 비정치 분야의 교류 확대를 통해 대단히 가까운 관계를 유지하고 있다. 하지만 경제보다는 상위개념인 외교·안보 분야에서 이견이 노출되자 한국인들의 시선은 갑자기 싸늘해졌다. 중국이 왜 우리가 납득할 수 없는 외교를 펼치는지는 앞서 살펴본 바와 같다. 여기서 골치 아픈 것은 외교적인 이해가 국내정치경제 상황과 연계되어 있는 경우이다. 공산주의 이데올로기가 쇠퇴하자 중국이 민족주의를 대신 활용하고 있다는 것이 특히 문제이고, 민주와는 거리가 먼 정치체제가 요지부동으로 버티고 있는 결과, 한국 주도의 통일 그리고 민주국가인 통일한국과 국경을 맞댄다는 사실에 대한 거부감의 고조가 또 다른 문제이다. 이것은 곧 중국이 그들과 다른 체제를 지니고 있는 국가를 두려워 한다는 사실을 암시하고, 뒤집어 보면 한국보다는 유사한 정치체제를 지니고 있는 북한을 오히려 마음 편한 상대로 인식하고 있다는 의미이다.

중국의 사고와 행동, 그리고 그것의 동인이 그러하다면 다음과 같은 민주주의적 사고와는 정면으로 배치될 수밖에 없다. 서구의 정치학에는 '민주·자본주의 국가들은 서로 전쟁을 하지 않는다'는 유명한 가설이 있다. 민주국가는 여론정치에 기초하고 있으므로 국민이 반대하는 정치행위는 현실적으로 불가능하다는 것이 첫 번째 이유인데, 따라서 자신의 피해가 분명치 않은 경우 전쟁을 원하는 민주시민은 없기 때문에 민주국가가 같은 민주국가를 먼저 공격하는 것은 불가능하다는 것이다. 나아가 성숙된 민주주의와 자본주의를 실행하는 국가들이 못살 수는 없으므로, 이미 행복을 누리는 민족이 쓸데없이 전쟁을 일으킬 이유는 없다는 것이다. 논리적인 타당성은 차치하고, 역사적으로 민주·자본주의 국가들 사이에 전쟁이 벌어진 적이 없는 것만은 분명하다. 이렇게 보면 향후 우리가 잘 지낼 수 있는 중국의 미래 모습은 사실상 그려진 셈이다. 민주·자본주의에 기초하여 번영하는 중국이 될 것이다.

최근 영국의 「이코노미스트」지는 중국의 금융산업에 초점을 맞추어, 한쪽으로 치우친 발전의 한계와 그것의 위험성을 다음과 같이 예리하게 분석하고 있다.

등소평과 그의 후계자인 장쩌민(江澤民) 주석, 그리고 주룽지(朱鎔基) 총리 시절만 해도 중국정부의 선진 금융체제에 대한 집착은 확실했다. 1980년대에만 20개의 은행, 745개의 신탁회사, 34개의 증권회사가 설립되었다. 혼란은 불가피했는데, 1990년대에는 지방정부와 유착한 수 백 개의 금융기관이 문을 닫는 등의 대규모 구조조정이 단행되었다. 당연히 실업자의 증가와 경기침체가 중국경제를 덮쳤다. 하지만 경제적 고통에도 불구하고 개혁은 지속되었다. 문제는 발전이 2005년과 2006년을 정점으로 더 이상 이루어지지 않았다는 사실이다. 그때 이미 장쩌민과 주룽지는 권좌에서 물러난 상태였다. 후진타오로 대변되는 새로운 지도부가 들어서면서 상황이 달라졌는데, 발육이 덜 된 금융기관으로부터 야기되는 위협보다는 확대일로에 있는 소득 불평등과 사회동요에 더욱 신경을 곤두세웠기 때문이다. 경제적 관점에서는 시장 특유의 극심한 변동성(brutal

volatility)에 가뜩이나 질린 상태에서 변동성을 없애는 폐쇄
적인 정책을 시행한 셈이다.

　그러면서 나타난 정치 슬로건이 바로 '조화로운 사회
(harmonious society)'였다. 결과적으로 중국의 금융체제는
정체기를 맞게 되었고, 결코 국제화될 수도 없었다. 외국회
사가 전체 중국 금융자산의 단지 2% 미만을 소유하고 있
다는 통계를 통해 현황을 짐작할 수 있다. 상황이 그렇다
면 다음의 문제를 피하기는 힘들어진다. 우선 외국과의 경
쟁이 없는 가운데 국영은행의 영업상의 위험은 지방의 금
융기관으로 은밀히 이전되어 감추어지게 된다. 따라서 대외
적으로 중국정부의 재정상태가 건전하다는 착각을 일으키
게 되는데, 공식적으로는 정부의 부채가 GDP의 20%에 불
과해 양호한 것처럼 보이지만 감추어진 빚을 모두 합하면
수치는 76%까지 치솟는다. 더욱 큰 문제는 자기들 끼리만
의 거래 때문에 부채와 각종 금융상품의 적정 가격에 대한
정보가 감추어진다는 것이다. 외국인도 참가하는 경쟁입찰
제도가 있어야 적정의 가격이 매겨지고 정보가 공개되는
데, 그것이 없다는 것이 이유이다. 그런 경우 당연히 자본

의 배분에 왜곡 현상이 가시화되고, 결국에는 곪아 터지게 된다. 많은 고위 관료가 문제점을 모른 것은 아니지만 개혁을 하려면 이번에는 정치적 이해가 걸림돌이 된다. 서로 다른 지방(省)들이 모든 금융 사업에 동시에 관여하여 이득을 취하고 있으므로, 기존의 체제에 대한 개혁 혹은 개방은 지방이 중앙정부에 등을 돌리게 되는 상황을 만들어내기 때문이다(*The Economist*, December 11th 2010).

중국의 정치적 모순이 경제를 어떻게 옥죄고 있고, 반대로 경제적 이해가 어떤 방식으로 정치적 결단을 방해하는지에 대한 설명은 그 정도면 충분할 것이다. 중국에서 태어나 대학까지 마친 후 미국에 유학, 세계적인 금융전문가가 된 예일대학 천즈우(陳志武) 교수의 다음과 같은 언급은 중국이 어떤 길을 가야 하는지를 잘 보여주고 있다.

질문: 최근 경제위기 동안 중국경제는 서구와 달리 안정적인 성장세를 이어갔습니다. 일부에서는 중국의 국가 주도 발전모델을 '베이징 컨센서스(Beijing consensus)'라고 부르며 칭찬합니다.

천즈우: 저는 정반대라고 봅니다. 지난 30년간 중국이 보여준 경제적 성공은 베이징 컨센서스가 주장하는 것들을 정확히 반대로 했기 때문에 이뤄진 겁니다. 다시 말해 중국경제의 역동성은 금융·무역 분야의 개방, 제조·서비스 분야의 민영화에서 나온 겁니다.

질문: 중국 경제가 계속 발전하기 위한 조건은 무엇입니까?

천즈우: 첫째, 정치권력에 대한 견제와 균형이 필요합니다. 많은 사람이 정치권력이 경제와 무관하다고 하지만, 그렇지 않습니다. 둘째, 민간부문의 사유재산을 정부기관으로부터 확실히 보호해야 합니다. 셋째, 정부가 보유한 국영기업과 국영기업의 보유자산을 민영화해야 합니다.

질문: 향후 중국 경제를 어떻게 전망하십니까?

천즈우: 제 예측으로는 4~5년 내에 중국경제가 심각한 위기에 빠질 겁니다. 경기 부양책으로 최근 2년 사이 4조

위안 이상의 돈이 풀렸습니다. 이중 절반 이상이 지방정부로, 나머지의 대부분은 국영기업에 대출됐습니다. 이런 대출은 3~5년 뒤 만기가 돌아오는데, 제가 보기에 그중 상당수는 부실채권이 될 가능성이 있습니다.

질문: 중국정부가 충격을 분산시켜 소프트랜딩(연착륙)을 유도할 수 있지 않을까요?

천즈우: 쉽지 않을 겁니다. 지금이라도 파국을 막기 위해서는 앞서 말씀드린 세 가지 개혁을 해야 합니다. 하지만 현재 중국 정부는 정치적인 의지가 없습니다. 30년 전에는 모두가 가난했고 가진 게 없었기 때문에 개혁도 가능했겠지만, 지금 중국은 그렇지 않습니다. 현 체제 속에서 이득을 얻는 이익집단이 존재하기 때문입니다. 현실적으로 중국 정부가 가까운 미래에 자발적으로 나서서 근본적인 개혁을 할 가능성은 아주 낮아요.(『조선일보』, 2010년 10월 23~24일)

중국을 사랑하는 중국 출신의 자본주의 전문가가 내린 결론은 다음과 같이 요약할 수 있을 것이다. "중국식 발전모델? 지구상에 그런 건 없다."

중국, 도대체 왜 이러나

펴낸날   초판 1쇄 2010년 12월 30일
         초판 4쇄 2011년 11월 10일

지은이   김기수
펴낸이   심만수
펴낸곳   (주)살림출판사
출판등록 1989년 11월 1일 제9-210호

경기도 파주시 문발동 522-1
전화   031)955-1350   팩스 031)955-1355
기획 · 편집 031)955-4675
http://www.sallimbooks.com
book@sallimbooks.com

ISBN   978-89-522-1543-7 03340